NIKKEI BP CLASSICS

THE GREAT CRASH 1929

JOHN K.GALBRAITH

AKIKO MURAI
[TRANSLATOR]

大暴落 1929

ジョン・K・ガルブレイス
村井章子［訳］

日経BP社

The Great Crash 1929

Published by special arrangement with Houghton
Mifflin Harcourt Publishing Company
through Tuttle-Mori Agency, Inc., Tokyo

ジョン・K・ガルブレイス

Photo: MONIER LOUIS / GAMMA / Eyedea Presse / AFLO

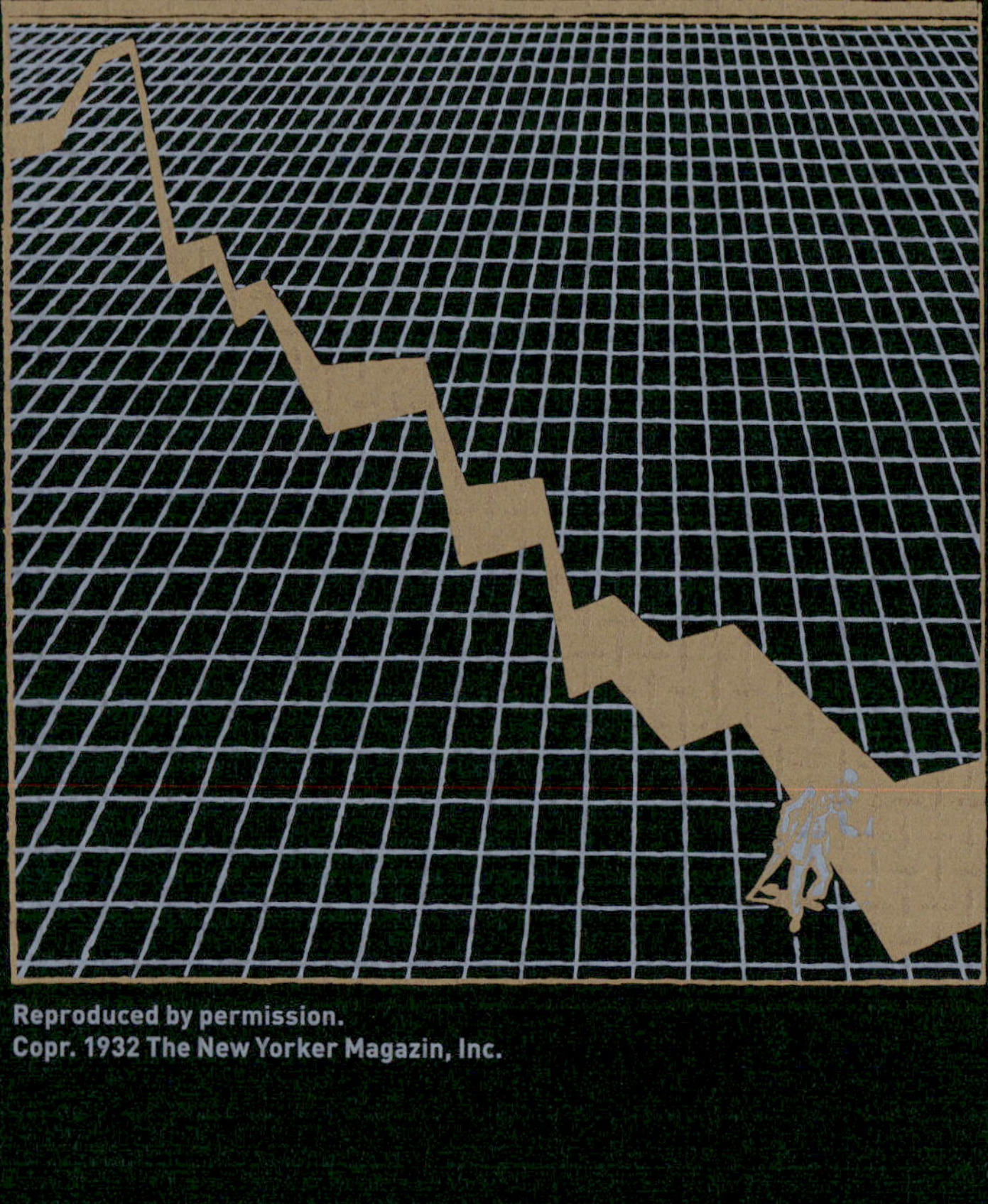

キャサリン・アトウォーター・ガルブレイスへ

目次

九〇年代からの回想

本書は一九五五年に初版が発行された。以来四〇年以上、版を重ねている。この本がこれだけ長いこと売れ続けているのは、著者はともかく中身がいいからだと評価していただいているようだ。まずいくらかは役に立つかも知れない。だがこの本が時代を超えて長寿を保っているのは、別に理由がある。増刷され本屋の店頭に並ぶたびに、バブルや株安など何事かが起きるのだ。すると、この本への関心が高まる。そう遠くない昔に好景気が一転して深刻な恐慌につながったときのことを、多くの人が知りたいと考えるからだろう。

初版が印刷所から送り出されたときも、そうだった。一九五五年春のことで、当時の株式市場はちょっとしたブームに沸いていた。私はワシントンに呼ばれ、上院の公聴会で過去の投機と暴落について証言したのだが、まさにその最中に株価が突然落ち込んだのである。おかげで私はあちこちから恨みを買うことになった。年季の入った投資家からの攻撃はことにすさまじく、生かしてはおけないといった脅しの手紙が大量に送られてきたものだ。もう少し上品な人からは、ガルブレイスが病気になって早死にするよう祈っていると言われた。証言から数日後、バーモントでスキーをしていた私は足を折り、新聞がさっそくこれを報じる。祈りは聞き入れられたという喜びの手紙が何通も舞い込んだ。どうやら私は、少なくとも宗教には何らかの貢献をしたらしい。また当時の風潮の中、共和党の上院議員ホーマー・E・ケープハート(インディアナ州選出)からは、ガルブレイスは共産主義の擁護者であり、資本主義を陥れるために暴落を仕組んだのだと言われたものである。

一九五五年の出来事はほんの手始めに過ぎない。七〇年代にはオフショア・ファンドが相次いで破綻。八七年にはあのブラックマンデーがあった。どれも一九二九年の出来事ほど劇的ではなく、また深刻に懸念するにもおよばなかったが、それでも多くの人があのときを思い出し、その結果この本は印刷され続けることになったのである。一九九七年のいまもそうだ。

現在のアメリカ人が本書に書かれているような投機熱にとりつかれていることは、無責任な楽観論にとらわれていない人の目には、火を見るより明らかなはずだ。理性に従って投じているとは到底考えられないような量の資金が株式市場に流れ込んでいる。ファンドも乱立状態で、投資をしているのが金融を知り過去から学んだ人ばかりでないことは明白である。私は予想はしない。予想というものは、当たったことは忘れられ、外れたことだけが記憶に残る。それでも、目の前にあるのが昔から繰り返されてきたおなじみのことだとは言える。最初は値上がりから始まる。株でも不動産でも美術品でも、何でもいい。すると世間が注目し、買い手が群がる。そうなれば価格は一段と上がる。買う行為そのものが価格を押し上げ、値上がり期待を現実にするわけだ。これが続くと、市場を楽観視するのが当たり前になる。そうなれば価格はますます上がる。そしてある日、終わりがやってくる。一体なぜなのか、原因を巡って果てしなく議論が続くだろう。終わりは、つねに始まりよりも突然である。針を刺された風船がしずしずとしぼむはずがない。

繰り返すが、私は一切予想はしない。私が言いたいのは、この現象は何度となく繰り返されてきたということだけだ。最初は一六三七年のチューリップ・バブルである。オランダ人はチューリップの球根が途方もない富を生むと信じて投機に走った。次に一七二〇年にはジョン・ローがパリに巨万の富をもたらし、そして貧乏のどん底に突き落とした。ルイジアナの金鉱（これは今日にいたるまで見つかっていない）開発を口実に創設した紙幣発行銀行が、取り付け騒ぎで破綻したのだ。同じ頃イギリスではあの南海泡沫事件が起き、英国経済を大混乱に陥れた。

まだある。一九世紀のアメリカでは、二〇〜三〇年ごとに投機ブームが起きた。このように繰り返しブームが発生したのは、植民地州が北部南部を問わず、実物の裏付けのない紙幣を発行しようとしたからである。ほとんどコストがかからないこのやり方はうまくいった――紙幣は紙切れに過ぎないと誰かが気づくまでは。たとえばアメリカ独立戦争の戦費をまかなったのは、植民地各州の代表から成る大陸会議が発行した紙幣である。この紙幣は「大陸会議紙幣ほどの値打ちもない（三文の値打ちもない）」という慣用句に永久に名をとどめることになった。そして米英戦争（一八一二〜一四）後の数年間は大規模な土地投機が、続いて一八三〇年代には運河・道路投機が起きた。いずれも上品に「国内基盤整備のための投資」と呼ばれている。投機ブームは不換紙幣の発行と表裏一体であり、これらの紙幣は鍛冶屋を少々大きくした程度の鋳造工場で簡単に印刷することができた。しかしこのブームは、一八三七年の世界恐慌で乱暴に終わりを告げる。そして一八五〇年代にも再びブームとそれに続く恐慌が発生し、ニューイングランド銀行が閉鎖に追い込まれた。ニューイングランド州は慎重な土地柄で知られるが、同行はわずか八六・四八ドルの準備金で五〇万ドルの銀行券を発券していたのである。

南北戦争が終わると今度は鉄道ブームが到来し、一八七三年にまたもや恐慌で終わりを迎える。続いて一九〇七年には金融危機が発生。深刻さでは鉄道バブルの崩壊に引けをとらなかったが、このときはニューヨークの銀行はなんとか持ちこたえた。投機ブームの火付け役となったのは、イギリスから流れ込んだ大量の資金である。とりわけ鉄道投機のときがそうだった。イギリスは南海泡沫事件の苦い記憶を忘れてしまったのか、南アメリカにも再び投資している。そしてあの有名なベアリング商会のアルゼンチン向け融資が焦げ付いたときには、イングランド銀行は同商会を破産から救わざるを得なかった。これは興味深い出来事である。と言うのも一九九〇年代にシンガポールで若いディーラーがいかがわしい取引に手を染め巨額の損失を出したときには、救いの手はさしのべられなかったからだ。ベアリング商会は、見せしめのため退場に追い込まれた。

もしいま株価が下落に転じ、天罰の降る日を迎えるとしたら、確実に予想できることがいくつかある。ある調査によると、アメリカ人の四人に一人は直接間接に株式市場に関わっているという。株価が落ち込めば、この人たちは財布の紐を締めるだろう。中でも耐久消費財への支出を控え、相当額に達したクレジットカードの残高をなんとか減らそうとするはずだ。こうした行動が景気を減速させる。とは言え、一九二九年の大暴落後ほどひどいことにはなるまい。当時の銀行はひ弱で、預金保険もなかった。証券市場よりも農作物市場の方が重要な地位を占めていたが、こちらはとくに脆弱だった。おまけに失業保険、福祉給付、社会保障といったセーフティ・ネットも整備されていなかった。いまでは、これらはすべて改善されている。だがそれでも景気後退は起こりうるし、それはごく正常なことだ。そうなったとき、政府はきっと、国民を安心させようと決まり文句を言うだろう。市場があやしい雲行きになったときの常套句、すなわち「経済は基本的には健全である」とか「ファンダメンタルズは問題ない」というものだ。この台詞を聞かされたら、何かがうまくいっていないと考える方がいい。

しつこいようだが、私は予想はしない。歴史が生き生きと語りかけてくることを書き留めるだけである。それでは本書を巡るちょっとしたエピソードを書き添えて、まえがきを締めくくることにしよう。この本は一九五五年春に出版され、親切な読者のみなさんのおかげで短命ながらベストセラー・リストにも顔を出した。私は本屋の店先を見ては幸せな気分になったものである。だがニューヨークに行くことが度重なるうちに、次第に落胆するようになる。旧ラガーディア空港には搭乗口に向かう通路脇に小さな本屋があるのだが、いつ見てもそこには私の本は影も形もなかったからだ。ある晩、私は意を決してその本屋に入り、棚を丹念に調べ始めた。やがて女主人が気づいて、何をお探しですかと尋ねる。いささかバツが悪かったが私は著者名を挙げ、タイトルは『大暴落《ザ・グレート・クラッシュ》』だと伝えた。すると、まことに断定的な返事が返ってきたものである――「墜落《クラッシュ》ですって。そんな本を空港で売るはず、ないでしょ」

注記について

最近では著者も出版社も、脚注が多いと読者はうるさがると考えているようだ。大切な読者の気分を損ねたり、すこしでも読む気を失わせるようなことは、私もしたくない。だが脚注はほんとうに邪魔なのだろうか。教養ある読者がページの下の方にある小さな文字に苛立つとは思えない。それに専門家も一般の読者も、必要に応じて事実の裏付けを知りたいと考えるだろう。脚注は、その問題が注意深く調査されたことを示すよい指標にもなる。

とは言え、正確なデータを示すことと、知識をひけらかすことの間に一線を引く必要はある。本書では、公表された文書、著作、雑誌記事などに依拠した場合に限り、出典を記した。ただ、一九二九年の出来事は、当時の全国紙や金融専門紙で大々的に報道されている。これらを律儀に注記に含めると同じ紙名を何度も挙げることになるため、それは控えることにした。出典が明記されていない場合には、読者はニューヨーク・タイムズ紙、ウォールストリート・ジャーナル紙、または当時の全国紙のいずれかであるとお考えいただきたい。

大暴落　1929

第１章

夢見る投資家

“Vision and Boundless Hope and Optimism”

一九二八年一二月四日。カルビン・クーリッジ大統領（在任期間一九二三～二九）は、再招集された議会で任期最後の一般教書演説を行った。大統領の言葉を聞いたら、どれほど悲観的な議員でも安心したに違いない。「国の状況をみる限り、現在ほど明るい希望に満ちたときに議会が招集された例はかつてないと言える。国内は穏やかで満ち足りており（中略）、前例のない繁栄が長く続いている。国外も平和が保たれ、相互理解に基づく友好関係が築かれている」。だから議員も選挙民も「現状に満足し将来を楽観して」差し支えないと大統領は議会に向かって語りかけた。古来より、物事がうまくいっているときは自らの政権の手柄にするのが政治家の常である。だが驚いたことに大統領はそうはせず、「いまだかつてない幸福な時をこうして迎えられるのは、ひとえに国民の気高い精神とアメリカ人気質のおかげである」と述べた。

歴史家はこぞってクーリッジを底の浅い楽観論者だと批判し、国内外に襲いかかろうとする嵐から目を背けたのだと主張する。だがこの言い分は全然正しくない。悪い事態を予想するのには勇気も洞察力もいらないのであって、いいときにいいと言うことの方が勇気がいるのだ。輝かしい未来を予言して当たらなければここぞとばかり糾弾されるが、地球終末の日を予言して外れても、誰からも咎められはしない。

クーリッジが語ったように、当時の状況はかなり満足のいくものだった。なるほど、万事に悲観的な進歩的文化人が言うとおり、貧しい人が這い上がるよりも先に富める人がますます裕福になっていたことは否めない。また農民は、幸福とは言えなかった。一九二〇〜二一年の不況以来、農産物は大幅に値下がりしたのに生産コストは高いままで、農家の生活は苦しかったのである。南部の黒人とアパラチア南部の白人は、絶望的な貧困の中で暮らしていた。郊外には三角屋根にガラス窓のしゃれた英国風の家が建ち並んでいたが、そこから遠く離れた都市部には、アジア以外ではまずお目にかかれないようなみすぼらしいスラムがあった。

それでもなお、一九二〇年代のアメリカはいい時代だった。生産と雇用の水準は高く、さらに上昇し続けていたし、賃金はさほど上がらないものの、物価は安定していた。多くの人はまだまだ貧しかったけれども、ゆたかになり財を築く人がかつてなく増えた。そしてアメリカ型資本主義が発展段階を迎えているのは誰の目にも明らかだった。工場の数は一九二五年の一八万三九〇〇から二九年には二〇万六七〇〇に増え、工業生産高は六〇八億ドルから六八〇億ドルに拡大。[*] 鉱工業生産指数（一〇〇＝一九二三〜五年）は、二一年に平均六七だったのが、二八年七月には一一〇に、二九年六月には一二六に達した。[**] また自動車生産台数は、二六年には四三〇万一〇〇〇台だったのが、わずか三年間で一〇〇万台以上増え、二九年には五三五万八〇〇〇台に達している。[***] これは、戦後の好況期にも匹敵する数字だ。たとえば五三年の新車登録台数は五七〇万台である。企業収益はハイペースで伸びており、商売をするにはまことに結構な時代だった。当時のへそまがりの歴史家でさえ、いい時代は長続きしないことを見抜けなかったとしてクーリッジ大統領を非難したからには、いい時代だったと暗に認めているのである。

いいことがあればきっと悪いことがある、と世間では考えられている。それによれば、

＊米商務省統計局 "Statistical Abstract of the United States, 1944-45" による。
＊＊連邦準備月報一九二九年一二月号による。
＊＊＊Thomas Wilson "Fluctuations in Income and Employment, 3rd ed." (New York: Pitman, 1948), p.141。

二〇年代にいい時期が一〇年続いたら、三〇年代には悪い時期が一〇年続く。この考え方は、あとで吟味することにしたい。

2

さしものクーリッジも、一九二〇年代に気づいていたはずのことが一つある。それは、演説で褒めちぎったアメリカ人気質に関連することだ。確かにアメリカ人はクーリッジが称賛した美点を備えてはいたが、あまり努力せずにてっとりばやく金持ちになりたいという欲望も並外れて強かった。それが図らずも暴露された最初の例を、フロリダにみることができる。二〇年代半ばのフロリダでは、マイアミ、マイアミビーチ、コーラルゲーブルズ、イーストコーストから北はパームビーチにいたるまで、さらにはメキシコ湾沿いの各都市で、大規模な不動産ブームが巻き起こった。このブームには、典型的な投機バブルに共通する要素がすべて備わっている。まず欠かせないのは、売り込みの強力な決め手である。フロリダの場合、それは気候だった。ニューヨークよりも、シカゴよりも、ミネアポリスよりも冬が暖かい。所得水準が向上し輸送手段が整備されるにつれて、寒い北部からフロリダに行きやすくなり、まるで渡り鳥のように毎年決まって南で冬を過ごす人々が目立つようになってきた。

フロリダの気候という現実の決め手の上に、投機を誘う虚構の世界が築き上げられていった。その世界に入り込むのは、物事を疑ってかかる人間ではない。信じる理由をほしがる人たちだ。フロリダの場合には、これからはレジャーの時代だ、だからもうすぐフロリダ半島は休暇に日光浴をしに来る人であふれかえる、ということを信じたがっていた。大勢がどっと押し寄せれば、海辺はもちろんのこと、沼地や湿地やそこらの林もみな値打ちが出るにちがいない……。いくらフロリダの気候が魅力的でも、確実にそうなると保証できるはずはない。だが、そうなると信じたがっている人々にとっては十分だった。

とは言え、夢を見るだけでは投機は成り立たない。フロリダでは実際に土地が区画分けされ、一〇％の手付金だけで売り出された。売られた土地の大半が一目見ただけでもぞっとしない代物で、買った当人もそう考えていたことはまちがいない。買い手はそこに住むつもりなどなかった。いやそもそも、人が住めそうな土地ではなかった。だがそんなことは学者の先生が考えればよろしい。現実に問題なのは、そのいかがわしい資産が日に日に値上がりし、二週間後には売って莫大な利益を手にできるかもしれないということだけだった。時が経つとともに、値が上がるという事実にだけ目を奪われ、なぜ上がるのかを考えようとしなくなるのは、投機のもう一つの特徴である。それに、理由を考える理由などなかった。転売して利ざやを稼ごうという買い手が引きも切らずに現れ、土地の値段を押し上げ続けてくれる限りは。

一九二五年いっぱい、濡れ手で粟をもくろむ買い手が次々にフロリダに押し寄せたおかげで高値は維持された。毎週のように新たな土地が区画分けされていく。おおざっぱに「海沿い」と謳われる土地は、実際には海岸線から一〇キロ近くもあり、やがて二〇キロも遠ざかってしまった。「郊外」とされる土地は、町の中心部からおそろしく遠い。土地投機が半島の北の方へと拡がっていくと、ボストンからやって来た稀代の詐欺師チャールズ・ポンジーが「ジャクソンビル近郊」と称する土地を売り出したが、これはジャクソンビルから一〇〇キロも西に離れていた。しかもポンジー氏は、向こう三軒両隣は近い方がいいと考えたらしく、サッカーコートほどの土地を二三区画にも小分けして切り売りしている。町に近いことが売りの不動産では、そもそもその町が存在しないことも珍しくない。たとえばマンハッタン・エステーツと名付けられた分譲地は「急成長中の新興都市ネッティーからわずか一キロ」と宣伝されたが、ネッティー市などどこにもなかった。やがてフロリダに向かう輸送量が急増し、二五年秋に鉄道は生活必需物資以外の輸送を中止せざるを得なくなる。不動産開発に必要な建設資材も中止の対象になった。そうなると、売り出し中の土地は猛烈な勢いで値上がりする。マイアミの「中心部」から半径六〇キロ以内の土地は八〇〇〇～二万ドルで、海岸地区にある土地は一万五〇〇〇～二万五〇〇〇ドルで、まずまず本物の海岸にある土地は二万～七万五〇〇〇ドルで取引された。*

ところが一九二六年春になると、買い手の流入が衰え始める。不動産価格を右肩上がりに維持するために絶対に必要だった新たな買い手の供給が減り始めたのだ。そうなっても、一九二八～二九年の株ブームの例でもわかるように、一旦勢いづいたブームはそう簡単にはしぼまない。二六年もしばらくの間は不動産業者が売り込みに磨きをかけ、なんとか新規顧客の減少を補っていた（金の十字架演説で有名な人気政治家ウィリアム・ジェニングス・ブライアンでさえ、一時は沼地を売るという嘆かわしい仕事に手を染めていた）。しかしこのブームは、おだやかな自然消滅にいたることはできなかった。二六年秋に、ハリケーンが二度までもフロリダを襲ったのである。そしてフレデリック・ルイス・アレンの表現を借りるなら、「熱帯の穏やかな風も、西インド諸島から吹き始めればどういうことになるか」を思い知らせてくれた。** 最大の被害をもたらした二六年九月一八日の暴風雨では四〇〇人が死亡し、数千世帯の屋根が飛

＊これらの詳細は主として、Homer B. Vanderblue が The journal of Land and Public Utility Economics 誌一九二七年五月号および八月号に書いたフロリダの土地投機に関する二つの記事によった。
＊＊"Only Yesterday"（邦訳『オンリー・イエスタデイ』）（New York: Harper, 1931）p.280。ハリケーンの被害に関する他の箇所も同書によった。この本は、当時を描いていまなお新しい。

び、マイアミの大通りは水浸しになって、豪華なヨットが何隻も漂うありさまとなる。これで土地投機は一息つくだろうというのが大方の見方だった。それでもブームはまた始まると毎日のように予想されており、たとえば二六年一〇月八日付のウォールストリート・ジャーナル紙には、シーボード・エアラインの役員であるピーター・O・ナイトなる人物がこんなことを書いた。この人は、フロリダの未来を心の底から信じていたらしい。一万七、八〇〇〇人が援助を必要としている現状を認めたうえで、「フロリダにはいまなおゆたかな資源と温暖な気候があり、地理的優位性も変わらない。フロリダはアメリカのリビエラだ」と続け、赤十字への支援要請は「受け取る義援金よりもフロリダが永久的に受けるダメージの方が大きい」と懸念を表明している。*

このように、終わりが来たことをなかなか認めようとしない点も、典型的な投機バブルのパターンである。実際にはフロリダはとっくに終わっていたのだ。マイアミ市の手形交換高は一九二五年には一〇億六六五二万八〇〇〇ドルあったのが、二八年には一億四三三六万四〇〇〇ドルまで激減。** 債務不履行が続出する中、農家は担保流れの土地を取り戻せるようになる。結構な値段で先祖伝来の土地を売ったはいいが、それが元値の二倍、三倍、四倍の値段で転売されるのをみて、農家はしきりに後悔していた。取り戻した土地にはしゃれた町名が付き、歩道やら街灯やらが備わり、課税評価額が市場価格の数倍に達していることもあったという。

フロリダの不動産ブームは、二〇年代という時代の空気を伝える最初の例と言えるだろう。そこには、アメリカの中流層が裕福になるのは神の思し召しなのだという確信がうかがえる。しかもフロリダのバブルが崩壊しても、この空気は変わらなかった。これは驚くべきことである。フロリダがだめになったことは国中に知れ渡っていたし、その後の株ブームに比べれば土地投機に手を出した人の数は少なかったにしても、たいていの町にはフロリダですってんてんになった男が一人や二人はいた。イギリス人は、例の南海泡沫事件から一世紀が過ぎても、評判のいい会社の株を疑わしげに吟味した。ところがフロリダの土地バブルが崩壊しても、株なら苦労せず手っ取り早く儲かるというアメリカ人の信念は、日増しにあらわになっていったのである。

3

一九二〇年代の株ブームがいつ始まったのかははっきりしない。ただあの頃は、株が上がる

＊Vanderblue の前掲誌、p.114。
＊＊Allen の前掲書、p.282。

もっともな理由があった。企業の業績は堅調で、なお上向きだったからである。先行きは明るいようにみえた。それに二〇年代の初め頃は、株は割安で配当も多かった。

一九二四年の後半になると、株は値上がりし始める。上げ相場は翌二五年の間ずっと続いた。たとえばニューヨーク・タイムズ紙が発表する工業株二五種平均（タイムズ平均）は、二四年五月末には一〇六ドルだったが、年末には一三四ドルに達し*、翌二五年末にはさらに五〇ドル近く上昇して一八一ドルとなっている。二五年はほぼ一本調子で上げ、月間で下げを記録した月は二回だけだった。

二六年に入ると、株価はいくぶん落ち込む。年前半の市場はやや低調で、大方の人が、前の年はたまたま上がっただけだと考えるようになった。二月には株価は急降下し、三月になると暴落と言っていいような状況になる。タイムズ平均は、年初の一八一ドルから、二月末には一七二ドル、三月末にはさらに三〇ドル近く下げて一四三ドルとなった。ところが四月になると再び力強い上昇が始まる。一〇月に小幅の下落はあったものの、これはハリケーン襲来でフロリダの土地ブームがついにとどめを刺されたからで、市場はすぐに反発した。そして二六年末には、年初の水準まで戻している。

一九二七年にはいよいよ本格的な上げ相場が始まった。株価は日ごとに、そして月ごとに上昇した。その後の上げ幅と比べればたいしたことはないものの、足取りは堅実である。この年も、差し引きで上げを記録しなかった月は二回だけだった。五月二〇日にはリンドバーグがパリをめざしてニューヨークのルーズベルト飛行場を飛び立ったが、ほとんどの人は気づきもしなかった。なにしろその日は小幅ながら再び最高値が更新されており、すでに市場にすっかり夢中になっていた投資家は、天上のことなどかまっていられなかったのだ。

一九二七年夏に、ヘンリー・フォードはあの伝説のT型フォードの生産を打ち切り、A型フォードにとりかかるため一時的な工場閉鎖を発表する。おそらくそのためだろう、鉱工業生産指数は落ち込み、景気後退が囁かれるようになった。それでも市場はすこしも動じない。年末までには鉱工業生産も持ち直し、タイムズ平均は二四五ドルに達する。一年間で六九ドルも

＊本書では、株価水準を表すのに一貫してニューヨーク・タイムズ工業株二五種平均を使った。これは、ニューヨーク・タイムズ紙が「頻繁に価格が変動しおおむね活発な市場で取引される健全な優良銘柄」と判断した二五銘柄の株価を、ウェイトをつけずに算術平均したものである。ダウ・ジョーンズ工業株平均などでなくこれを選んだのは、ほとんど好みの問題だ。また私自身この数字を長年注目してきたし、アマチュアにとってはダウ平均よりも入手しやすいという理由もある。ダウ平均の方がよく知られているが、そちらを使えばある種の市場理論が持ち込まれることになり、それは本書の目的とは関係がない。運輸株平均や総合平均を使わずに工業株平均を選んだのは、工業株が投機の主たる標的になり、値動きが最も激しかったからである。本書に掲げた数字は、特に断らない限り、その日の終値である。

の上昇だった。

一九二七年は、株式市場の歴史にとっても重要な年と言える。長年の通説によれば、のちの災厄の種はこの年に蒔かれたことになっているからだ。アメリカが寛容にもヨーロッパの無謀な提案を受け入れたことが、すべての発端だという。そのような国際協調はほとんど国家に対する裏切り行為だとの見方が一部にはあったし、ハーバート・フーバー大統領（在任期間一九二九〜三三）もその一人だったが、当時は非難が声高に述べられることはなかった。

イギリスは、その二年前の一九二五年に金本位制に復帰していた。当時の蔵相ウィンストン・チャーチルは、復帰に当たり、第一次世界大戦前の旧平価を採用。ドルとの交換比率は一ポンド＝四・八六ドルになっていた。このレートでポンドの威信を誇示することが、チャーチルにとっては通貨の適正な評価より大切だったのだろう。そもそも自国通貨の過大評価がどんな事態を招くか、チャーチルはよくわかっていなかったと言われる。それにしても、現実の結果は悲惨だった。イギリスは戦時インフレの影響でまだ物価水準が高いうえ、英国製品を輸入する外国企業は高いポンドで支払わねばならない。このためイギリスから買うのは魅力がなくなり、逆にイギリスに売るのはたやすくなった。二五年に端を発するポンド危機はいつまでも収まらず、トラファルガー広場のライオン像やピカデリーサーカスの売春婦よろしくイギリスのトレードマークになってしまう。そこに、国内の悪材料が重なった。石炭市場の低迷に加え、石炭産業が外国に対抗してコスト削減と値下げを行った結果、二六年にゼネストが勃発したのである。

このときを境に、イギリスから、そしてヨーロッパから金が流出し、アメリカに流れ込むようになる。アメリカの物価が高く金利が低かったら、買うにも投資するにも魅力がなくなって、流れは止まったかも知れない。だがそうはならなかった。そして一九二七年春、ヨーロッパから三人の使者が訪れる。イングランド銀行総裁のモンタギュー・ノーマン、ドイツ中央銀行総裁のヒャルマー・シャハト(のちに経済相まで務める長命のシャハトは、当時この任にあった)、フランス銀行副総裁のシャルル・リストという錚々たる顔ぶれで、金融緩和を要求しに海を渡ってきたのだった。二五年にも同じような要求を押し通した実績を持つ顔ぶれである。アメリカの中央銀行に当たる連邦準備理事会(FRB)は、これを呑む。そしてニューヨーク連邦準備銀行は公定歩合を四%から三・五%に引き下げた。並行して市場から大量の国債を買い入れ、当然の帰結として、国債を売った銀行や個人の手元には大量の余剰資金がもたらされる。この政策に反対したFRB理事のアドルフ・C・ミラーは、のちにこう回想している。「あれはFRBがやった中で最も大規模で最も大胆な公開市場操作だった。(中略)FRBにとっても、他の中央銀行にとっても、過去七五年間であれほど高くついた失敗はまずあるまい」。*FRBが供給した資金は、直接的に株式投資に充てられたほか、さらに重大なことには、株を買おうとする人に貸し出された。こうして潤沢な資金を手にした個人投資家は、市場に殺到する。当時を説明する資料の中で最も広く読まれたライオネル・ロビンズの著作には、「どのデータをみても、このときから事態が完全に制御不能になったことは明らかだ」と結論づけられている。**

FRBのとった措置がその後の投機と大暴落を招いたという見方は、以来すっかり定着している。この見方が支持されるのは、もっともな理由があるからだ。まず、わかりやすい。それに、アメリカの国民も経済制度も非難されずに済む。外国の言いなりになるのがいかに危険かは誰でも知っているし、老獪なノーマンとシャハトには芳しからぬ評判がつきまとっていた。

だがFRB犯人説は、カネを持たせれば国民は投機に走ることが前提になっている。そんなばかなことはない。一九二七〜二九年以上に信用供給が潤沢で資金がだぶついていても投機がほとんど行われなかったことが、それ以前に何度もあった。また、その後についても同じことが言える。またあとでも述べるが、二七年以降、投機が制御不能になったこともない――投機にのめり込んだ人間の手に負えなくなったことはあるが。こと経済に関してはひどくいい加減な説が性懲りもなく支持されてきたが、ＦＲＢ犯人説はまさにその例証と言えよう。

4

株価には企業の業績や収益見通しが反映されている。社会が平和で穏やかであることや、政権が安定していて無用の増税の恐れがないことも、株価に織り込まれている——一九二八年が始まるまでは、どんなに疑り深い人でもそう信じることができた。だがこの年に入ってブームの質が変容する。根の深い投機ブームでありがちなことだが、現実離れした手がかりにわれもわれもと飛びつくようになったのだ。ただし、どんなにかすかでもいいから現実の材料がほしいという人はいつの時代にもいる。そういう石橋を叩くタイプに安心材料を提供する必要があった。そこでフロリダの気候に相当するまことしやかな材料をこしらえ上げ、投資家を安心させる試みがさかんに行われる（ついにこれはれっきとした職業になって、いまも健在である）。もっともそんなサービスをせずとも、投機につきものの現象ははやくも始まっていた。投資家は現

＊上院委員会での証言。Lionel Robbins“The Great Depression”(New York: Macmillan, 1943), p.53 に引用された。
＊＊前掲書、p.53。

実から目を背け、フロリダに続く新たな虚構の世界に逃げ込む口実を探すようになっていたのである。

その徴候は一九二八年以前から数多くあったが、中でも最も顕著だったのは、市場の動向である。二八年の始まりは比較的おだやかだったが、その後は一足飛びに上がり始めたのだ。堅実な上昇とはとても言えなかった。ときには一気に下げることもあったが、すぐに反発した。二八年三月までに、タイムズ平均は二五ドル近く上昇。過熱する市場がたびたび新聞の一面を飾った。銘柄によっては、一日で一〇ドル、どうかすると一五ドル、二〇ドルも上がるものさえあった。当時投機の標的だったラジオ・コーポレーション・オブ・アメリカ、通称ラジオは、三月一二日に一八ドル上昇。翌日には前日終値より二二ドルも高い値で取引が始まったものの、証券取引所が調査に入るとの発表を受けて二〇ドル下落し、その後一五ドル上がり、九ドル下がるという乱高下ぶりだった。* そして数日後には大商いの中、再び一八ドル上げている。

活況を呈した三月の市場で目立っていたのは、玄人筋である。市場経済において株式市場は最も人間的な要素が少ないとされており、市場関係者はこの定説を後生大事にしている。そのことは、ニューヨーク証券取引所が「証券取引所とは、需要と供給の原則に従って価格が決められる市場である」と自らを定義していることからもうかがえよう。＊＊とは言え市場の熱心な信奉者でさえ、自分の運命は需要と供給の原則よりも人間の影響力に左右されているらしいと認めざるを得ないときがあった。株価を吊り上げては突き落とす輩が、たしかにどこかにいた。

市場がいよいよ活況を呈してくると、そうした大物相場師の影響力が一段と強まるのが目立ってはっきりしてくる。少なくとも市場関係者の目には事態は明白であり、三月の値動きは投機筋が仕掛けたのだとみていた。いや堅物の学者でさえ、誰かが手を組んで急騰を誘発したのだと考えるようになった。とすると、まっさきに思い浮かぶ大物はジョン・J・ラスコブである。この男は強力な人脈を持っていた。なにしろゼネラル・モーターズ（GM）の財務担当副社長を務め、デュポンでもピエール・デュポンらの片腕となって働き、二八年の大統領選挙では民主党大統領候補のアル・スミスに請われて党全国委員会の長に指名された人物である。証券市場にくわしいオハイオ大学のチャールズ・A・ダイス教授によれば、この指名は、ウォール街に対する社会的評価が高まり、アメリカ国民が証券市場に敬意を払うようになった

＊Allen の前掲書、p.297。

＊＊"Understanding the New York Sock Exchange, 3rd ed." (New York: Stock Exchange, April 1954), p.2。

ことを象徴しているという。「有力政党から選ばれた候補者、優秀な頭脳を持ち世情にも通じた候補者が、今日、有権者の信頼を獲得し票を集める役目に、卓越した投資家として知られる人物を指名したのだ」と教授は書いている。*

一九二八年三月二三日、船でヨーロッパに向かったラスコブは、今年の自動車の売れ行きは有望でGMのシェアは拡大するだろうと語った。また、あまり根拠ははっきりしないが、GM株は株価収益率が一二倍以上にならないとおかしいとも話したらしい。当時のGMの株価は一八七ドルだったから、この計算で行けば二二五ドルが妥当ということになる。ラスコブが「控えめな楽観論」を口にしただけで市場が急上昇したのは、ニューヨーク・タイムズ紙の言う「名前の魔力」のおかげにちがいない。翌二四日土曜日にGM株は五ドル近く値上がりし、次の月曜日には一九九ドルをつけている。そしてGM株の急上昇は、上場全銘柄に波及したのだった。

あの年の春に暗躍していたと考えられるもう一人の大物に、ウィリアム・C・デュラントがいる。デュラントはGMの創設者だが、一九二〇年にデュポンとラスコブに会社を追い出された。その後は再び自動車会社を興すなどしていたが、やがて株相場一本槍になる。このほか、七人のフィッシャー兄弟の影響力も絶大だったと言われる。やはりGM出身で、フィッシャー車体工場を売却して得た莫大な軍資金を手にウォール街に乗り込んできた。もう一人、アーサー・W・カッテンも挙げておかねばなるまい。カナダ生まれの穀物相場師で、はじめはシカゴ商品取引所を縄張りにしていたが、その後ウォール街に鞍替えした新顔である。カッテンは、ずいぶんと苦労して相場を張っていたにちがいない。難聴のうえ記憶喪失の気味もあったらしく、数年後に市場操作の疑いで上院銀行通貨委員会（通称ペコラ委員会）に呼ばれたとき、顧問弁護士までそう認めている。

相場師の生態を観察してダイス教授がとりわけ驚いたのは、「未来を信じ、希望と夢に満ちあふれていた」ことである。「過去のしがらみという重い鎧を脱ぎ捨てて彼らは市場にやってきた」。そしてこの男たちが市場に与えた影響を英語ではうまく表現できないと感じたのだろう、教授は次のように書いている。「クーリッジの市場を先導したのは、自動車や鉄鋼やラジオといった騎士団だった。（中略）最後尾に、乾坤一擲に賭ける相場師集団が続く。さんざん痛い目にあった末に未来を夢見るようになった連中だ。こうして市場は、キュロス大王の大軍団よろしく、パラサング、パラサング、またパラサングと前進していった」**。ちなみにパラ

＊"New Levels in the Stock Market" (New York: McGraw-Hill, 1929), p.9。
＊＊前掲書、p.6-7。

サングは古代ペルシャ語で、人間が一時間に歩ける距離を意味する。

5

一九二八年六月に入ると、市場は一パラサングか二パラサング後退する。実のところ三週間の下げ幅は、三月一カ月分の上げを帳消しにするほど大きかった。ことに大幅に下がった六月一二日は、記憶に残る日となった。ニューヨーク証券取引所の出来高がついにこの日に五〇〇万株を突破したのである。関係者の間では一年以上も前からいずれそうなると予想されていたが、はじめのうちは単なる話題作りと考えられていた。だが次第に現実味を帯びるようになり、三月一二日には過去最高の三八七万五九一〇株に達する。三月末になるとこの程度は当たり前になり、二七日には四七九万二七〇株が取引された。そしてついに六月一二日、五〇五万二七九〇株に達したのである。この大商いで、ティッカーと呼ばれる電信端末が打ち出す株価速報は市場から二時間も遅れてしまった。この日にラジオ株は二三ドル下落。ニューヨークのある新聞には、「活況を呈していたニューヨーク株式市場は、昨日、世界に響き渡る轟音と共に崩壊した」という一文で始まる記事が載った。

だがこの報道は、マーク・トウェインの死亡記事以来の早とちりだった。七月には市場は小幅ながら上げに転じ、八月には力強く上昇。その後は大統領選挙が近づいても、大きくぐらつくことはなかった。九月一七日にロジャー・W・バブソンがマサチューセッツ州の集会で「スミスが大統領に当選し民主党が議会を掌握したら、来年は必ず不況になる」と訴えても、聴衆は一向に動揺しなかったのである。バブソンは実業家で、バブソン大学の創設者としても知られる人物である。このときバブソンは「フーバーが大統領になり共和党が過半数を占めれば来年も好況が続く」とも言ったが、有権者の方はフーバーになるとわかっていたのであわてなかったのかもしれない。ともあれこの月にはもっと権威ある人物からも、「心配すべき理由は何もない。繁栄は今後も続く」というありがたいお言葉があった。これを言ったのは、財務長官のアンドリュー・W・メロンである。

メロンはそうなると知っていたわけではない。同じような発言をする人間は当時もいたしその後もいたが、誰もわかっていて言ったのではない。あのような発言は、予想でも予測でもないのだ。そうした発言をする立場にある人が、未来を予測する能力に他の人より恵まれていると考えるのはまちがっている。メロンは、ある儀式に加わったにすぎない。現代社会では大変重んじられ、景気循環に多大な影響を与えるとされている儀式である。要するに「繁栄は続く」とおごそかに託宣が下されれば実際に繁栄が続くというもので、とくに経済界ではそうしたご託宣の効果が根強く信じられていた。

6

大統領選挙ではフーバーが圧勝した。もし相場師連中が新大統領の胸の内を知っていたら、市場は即刻暴落していたにちがいない。一九二五年には早くも「投機の拡大」を懸念していたとフーバーは回想録に綴っている。* 時が経つにつれてこの懸念は次第に危機感に高まり、ついには災厄をほとんど確信するまでになった。投機は「人殺しよりも悪質な犯罪であり、犯人を告発し罰しなければならない」とフーバーはいう。** 商務長官時代に何よりも熱心に取り組んだのも、証券市場の規制であった。

しかしフーバーの市場に対するこうした姿勢は、実に巧妙に隠されていた。国民はフーバーの取り組みをまったく知らず、むしろ実行役のクーリッジとFRBに腹を立てていた。そこでフーバーが当選すると、パニックが起きるどころか、市場には過去最高の買いが殺到したのである。当選から一夜明けた一一月七日はご祝儀相場となり、主導株は軒並み五〜一五ドル上昇し、出来高は四八九万四六七〇株に達した。六月一二日の最高記録を少々下回っただけで、しかも下げ局面ではなく上げ局面で達成されている。一一月一六日になると一段と大量の買いが入り、出来高は六月一二日を大幅に上回る驚異の六六四万一二五〇株に達する。タイムズ平均は一日で四・五ドル上昇。これは、その時期としては驚くべき数字だった。買い材料と言えば、選挙の余韻ぐらいしか見当たらなかったからである。ちなみにその日の新聞の見出しをみると、汽船ベストリス号の沈没が報じられ、ご婦人と子供を押しのけて自分たちだけ助かった乗組員のご立派な行為が報道されているだけである。一一月二〇日はまたもや大商いとなった。出来高は六五〇万三二三〇株で一六日にはおよばなかったものの、大方の見るところ、市場の熱狂ぶりははるかにすさまじかった。翌朝のニューヨーク・タイムズ紙は、「ウォール街の歴史を振り返っても、昨日の株式市場でみられた怒濤のような取引はかつてなかった」と論評している。

一二月になると、いくらか雲行きが悪くなる。月初めに株価は急落し、一二月八日にラジオは一日で七二ドル下げた。だがその後市場は落ち着き、やがて反騰する。一九二八年の一年間でみると、タイムズ平均は二四五ドルから三三一ドルへ、八六ドル上昇した。個別銘柄では、配当を一度も払っていないラジオが八五から四二〇ドルへ、デュポンが三一〇から五二五

*"The Memoirs of Herbert Hoover: The Great Depression, 1920-1941" (New York: Macmillan, 1952), p.5。
**前掲書、p.14。

ドルへ、モンゴメリー・ウォードが一一七から四四〇ドルへ、ライト・エアロノーティックが六九から二八九ドルへ値上がりしている。* ニューヨーク証取の年間出来高は九億二〇五五万三二株で、過去最高だった前年の五億七六九九万八七五株をあっさり上回った。** だが市場の実態をもっと雄弁に物語るデータがもう一つある。それは、信用取引の異常な膨張だった。

7

さきほど書いたように、ブームが熱を帯びてある点まで達すると、手に入れた財産がすぐに値上がりするかどうかだけに目が行き、その財産を持つことに伴う他の要素はすべて目に入らなくなる。その財産からどれだけ収入が得られるか、あるいはその財産をどれだけ活用できるか。いや長持ちする価値があるのかどうかさえ、面倒なこととして片付けられてしまう。あのおぞましいフロリダのケースでも、土地の利用価値はゼロどころかマイナスだった。大事なのは、昨日のように明日も先週のように来週も値上がりし、儲けをもたらすことだけだったのである。

要するに、ブームの渦中にある所有者が財産に求める唯一の見返りは、値上がりだった。他の見返りはもうどうでもよいのだから、値上がり益を受け取る権利だけを切り離せれば投機家にとっては都合がよい。財産の取得に伴う負担の方も切り離せれば、なお好都合である。そうしたうまいやり方があれば、投機家本来の仕事である投機に全力投球できる。

そして、現実に需要があればいずれ必ず満たされるのが、資本主義の非凡なところである。過去の大規模な投機ブームをみると、投機家が心おきなく自分の仕事に集中できるような仕掛けが必ず登場していることがわかる。フロリダの場合には、それは「手付証書」の売買だった。土地そのものではなく、表示された価格で土地を買うことができるという権利が売り買いされたのである。土地価格の一〇%に当たる手付金を払えば、この権利を表す手付証書を手に入れることができ、この証書は転売可能だった。かくして、投機家が値上がりの恩恵を存分に享受できる仕組みが整う。土地が値上がりしたら、払った手付金に値上がり分を上乗せして手付証書を売ればよい。

土地であれ他の資産であれ、何かを買うときの最大の負担は、その価格の分だけ現金を用意しなければならないことである。だが手付証書なら、この負担を九〇%も減らすことができる。別の言い方をすれば、投機家は手持ちの現金で買えるより一〇倍広い土地から儲けを手に

＊Dice の前掲書、p.11。

＊＊“Year Book, 1929-1930” (New York: Stock Exchange)。

することができる。そこで買い手は、そのほかの見返りはあっさり放棄した。それにもともと土地からは何の収入も上がらなかったし、土地を何かに利用するつもりもなかった。

翻って株式市場にも、投機家が全エネルギーを投機に集中できるような仕掛けが用意されている。そしてご賢察のとおり、不動産市場の泥臭いやり方に比べれば、株式市場の方がよほど洗練されていた。それは信用取引、すなわち証券会社から金を借りて株取引をする仕組みである。この信用取引で株を買っても、その株の所有権をまるごと手にすることができ、従って無条件で売ることができる。買った株を証券会社から借りた金の担保として預ければ、現金を用意するという厄介な負担はいらない。さらに株価が上昇しても借りた金の方は増えないので、買い手は土地の場合と同じく値上がり益をそっくり手にできる。さらに株の場合には、配当を受け取ることもできる。ただし当時の配当利回りは、まずまちがいなく借入金の金利よりも低かった。配当利回りはゼロということもあったし、ゼロでなくてもせいぜい一%か二%だったが、借入金利の方は八〜一〇%、あるいはもっと高い。投機家は配当を度外視し、値上がり益を手にするチャンスだけのためにいそいそと金利を払ったのである。

ほしくもない配当など気にせず現金も用意せずに投機に打ち込めるようウォール街が準備した仕組みはじつによくできていて、芸術品と言ってもいいほどだった。銀行は証券会社に、証券会社は顧客に資金を提供し、とった担保は銀行に環流する。これが、淀みなくほとんど自動的に流れるようになっていた。信用取引では、担保株に加えて保証金を差し入れる決まりで、株価が下がって担保価値が下落すれば、追い証と呼ばれる追加の保証金が発生する。その額は滞りなく計算され、不足がないか常時監視された。証券会社の貸出金利も始終微調整され、資金需要と供給のバランスがうまくとれるようになっている。とは言えウォール街は、この仕組みを表立って自慢するわけにはいかなかった。目的に照らしてみれば見事で申し分のない仕組みだが、いかんせんその目的は、投機家に用立てして投機を後押しすることだったからである。世間はこのような目的を容認しない。もしこれを白状しようものなら、大勢の善男善女が悪の温床だと非難し、さっそく改善を求めるにちがいない。投機家を巧妙且つ効率よく助けるという理由で信用取引を弁護できないのは明らかだった。活気に乏しく厚みのない市場の取引量を増やし、健全で厚みのある市場にするとでも言うしかないが、それはせいぜい副産物に過ぎず、効果のほども疑わしかった。してみるとウォール街は、お色気たっぷりの美女がぶくぶく着込んでぶあつい靴下を穿き、天職は娼婦なのに料理上手を売り物にしているようなものと言えようか。

だがいくら用心深く隠したところで、ブローカーズ・ローン（信用取引で買った株を担保に差し入れるローン）残高を見れば、投機がどれほど増えたかはわかる。この指標でみると、一九二八年に投機がハイペースで拡大したことがはっきりする。ブローカーズ・ローンは呼べば応えるほど流動性が高いため、コールローンと呼ばれることも多い。二〇年代前半のその残高は一〇億〜一五億ドルだった。二六年初めにはこれが二五億ドルになり、年末までその水準で推移する。二七年になるとさらに一〇億ドル増え、年末には三四億八〇七八万ドルに達した。途方もない額だが、これは始まりに過ぎなかった。二八年初めの二カ月は低調でいくらか減ったものの、その後は急激に増え、六月一日には四〇億ドル、一一月一日には五〇億ドルに達する。そして年末には六〇億ドルに手が届こうとしていた。* これほどの増え方は、かつてないことである。

信用取引で株を買おうと、言い換えれば自己資金なしで値上がり益を手にしようと、大勢が株式市場に群がってきた。資金の最初の出し手となったニューヨークの主立った銀行は、やがて国中いや世界中の貸し手の窓口役を務めるようになる。ニューヨークにこれほど多くの資金の出し手がいたのは、別にふしぎではない。株投機にまつわるパラドックスの一つに、投機資金の貸し付けはあらゆる投資の中で最も安全な部類に属する、というのがある。なにしろこの貸付金の担保は株と現金（保証金）なのだ。そして通常の状況であれば株がいつでも現金に換えられることは、言うまでもない。よって、貸した金は必要とあらば簡単に回収できる。一九二八年初めの時点では、流動性が高くきわめて安全なこのコールローン市場の金利は約五%だった。五%でもずいぶんと高いリターンだが、金利は一年を通じて上がり続け、年の最後の週には一二%に達する。しかもこの貸し出しは、まだまったく安全だった。

モントリオールで、ロンドンで、上海、そして香港で、この高い金利が話題になる。あの一二%は自分の資産にも適用されうる一二%なのだ、と資産家は気づく。かくて大量の資金がウォール街めざして流れ込むようになり、その結果、アメリカ人の信用取引はますます拡大した。企業にとっても、一二%は魅力的である。これほどの金利がつくなら、運転資金は生産に回すより利殖に充てる方がよさそうにみえた。一部の企業は実際にそう決断する。あれこれ頭を悩ませ骨を折って生産を増やすより、投機に回す方がいいと決めたのである。そのほかの多くの企業は、自ら投機に手を染めないまでも、余剰資金をウォール街に貸し付けるようになった。

銀行には、もっとうまい金儲けの手段があった。ニューヨークの銀行は、連邦準備銀行か

＊正確な数字は五七億二二二五万八七二四ドルだった。資料は、"New York Stock Exchange Year Book, 1928-1929" による。なおこの数字には、証券会社の定期貸付金は含まない。

ら五％の金利で借り、それをコールローン市場に回せば、一二％で貸し出すことができる。当然ながら銀行はそれをやった。これほど旨みの多い裁定取引は、後にも先にもないであろう。

8

一九二八年には金儲けの方法はまだいくらでもあった。これほどやすやすと財産を殖やせる時代はかつてなく、誰もがそれをよく承知していた。二八年は、アメリカ人が陽気に気ままにしあわせを謳歌した最後の年だったのである。よすぎたので長続きしなかった、ということではない。ただ続かなかった。それだけである。

翌年のワールズ・ワーク誌一月号に、ウィル・ペインなる人物が執筆している。ペイン氏は驚異的だった前年を振り返ったのちに、賭博師と投資家の違いを説明するのだが、それによると、賭博師は誰かが損をするから儲かるが、投資家は全員儲かるという。ゼネラル・モーターズ株を一〇〇ドルで買い、誰かに一五〇ドルで売る。その誰かは別の誰かに二〇〇ドルで売る。こうすればみんな儲かるのだそうだ。ウォルター・バジョットが言うとおり、「人は幸福なときほどだまされやすい」*。

＊"Lombard Street, 1922 ed."（邦訳『ロンバード街』）(London: John Murray, 1922), p.151。

第2章

当局の立場

Something Should Be Done?

まったくの後知恵だが、一九二九年がどうしてああいう年になったかを理解するのは簡単である。市場に敵意を燃やすハーバート・フーバーが大統領に就任間近だったからではない。いまにして思えば、大統領の敵意はさほどたいしたことはなかった。では専門家が、もういつ不況になってもおかしくないと言ったからだろうか。そうではない。知識があろうとなかろうと、不況の到来を予想することは誰にもできないのであって、それは当時もいまも変わらない。

もっと簡単なことだ。株式市場はブームに沸いていたが、どんなブームもいつかは終わるということである。一九二九年一月一日には、単純に確率の問題としてブームは年内に終わる可能性が最も高く、翌年、翌々年になるにつれてその可能性は低くなる。いったん株価の上昇が止まったら、つまり値上がりを当て込んで買う人が市場に流れ込んでこなくなったら、そのときには借入金利や保証金を払ってまで株を買う意味はなくなり、誰もが売ろうとするだろう。市場は売り一色になり、急落に転じることになる。

もしそうなったら、少なくとも名目上責任ある人の立場は厄介なことになる。規制当局を規制するのは誰か、というのは政治にまつわる古くからの難問の一つだが、では賢明であるべき人を賢明にするのは誰なのか。これも同程度に難問だが、これまでしかるべき注意が払われたことはない。

そうした立場にいた人の中には、ブームが続くことを望む人もいた。自身が儲けていたからで、従ってこの人たちは、これが終わったらどんな悲惨な結末が待ち受けているか、かすかな予感ぐらいは抱いていたかもしれない。一方、漠然とではあるが市場で荒っぽい投機が行われていることを知っており、何か手を打たなければと感じている人もいた。だが、いざ何かをやろうとすれば、必ず厄介な問題がつきまとう。何かを計画通りやったとしても、何もやらないのに劣らず悲惨な結果を招きそうだったからだ。そうなったら、やった者はぬきさしならぬ立場に追い込まれかねない。

風船を破裂させるのは簡単だが、針を刺して徐々に空気を抜くのはむずかしい。一九二九年初めにうすうす事態を感じ取っていた人たちは、ブームを鎮静化できたらいいと願ってはいたが、それをうまくやる自信はなかった。現実的な選択肢としては、ただちに何らかの措置を講じて人工的にバブルを崩壊させるか、あとでもっと重大な事態になるまで放置するか、どちらかしかない。いずれにせよ崩壊すれば誰かが非難されるのは避けられないが、人工的にやった場合には、責任者は誰かがあからさまになる――とは言え連邦準備理事会（ＦＲＢ）は、一九二〇～二一年のデフレについて、自分の責任ではないと一〇年近くも言い張っていたが。これに対して重大な事態になるまで放置する策を選べば、バブルの寿命を数日、数週間、ひょっとすると数カ月引き延ばせるというありがたい利点もあった。一九二九年初めのいつかの時点で、このような苛酷な選択肢に基づいて問題が検討されたことが実際にあったのか、読者は疑わしく思われるかもしれない。だが市場対策を議題とするまじめな会議で絶えず論じられていたのは、たとえ見かけはちがっても、結局はこの二つの選択肢であった。

2

避けられないこの選択をする任にあったのは、大統領、財務長官、ワシントンの連邦準備理事会、そしてニューヨークの連邦準備銀行である。地区連銀の中で最も有力で、しかも目と鼻の先に株式市場を抱えるニューヨーク連銀は、他の一一の連銀の手に余る任務を引き受けていた。

クーリッジ大統領は市場で何が起きているか知らなかったし、気にかけてもいなかった。一九二九年三月にホワイトハウスを去る数日前にも、状況は「まったく健全」で現在の株価は「割安」だと上機嫌で語っている。* 大統領は以前から、投機が抑制できなくなってきたと報告されるたびに、第一の責任者はFRBなのだからと考えて心を落ち着けてきた。** そもそもホワイトハウスによる過剰な政治的干渉から守るために、議会はFRBを半独立組織にしたのではないか……。

だがいくら良心の呵責を感じないとはいえ、大統領は財務長官を通じて何らかの手を打つことはできたはずだ。財務長官は当時その職権上FRBの一員だったし、金融政策をはじめとする経済政策全般について責を負うべき立場である。だが当時財務長官だったアンドリュー・W・メロンは、この件についても、また経済に関する他の件についても、何もしない方がいいという考えだった。こうしてFRBと連銀に全責任が押しつけられることになる。

およそ政府の仕事の中で、経済活動に口を出すほど目障りな行為はないのであって、誰からも感謝されないことは確実である。まずもって大半の人が規制に反対するうえ、規制を正当化する理由と言えば、たいていは独占よりはましといったお粗末な理由しかない。そもそも規制法案を審議する議会にしてからが、圧力団体の権益が辟易するほどあからさまに主張される場に成り下がっている。そのうえ規制を公布し施行するのは、杓子定規なことで常々批判されている官僚集団である。最近では何かというと不手際を謝るのがおきまりのようになっているが、どのみちそれは隠しようもない。

しかし規制をしてもこうした憂き目にまったく遭わずに済んでいるのが、中央銀行、アメリカの場合には連邦準備理事会である。ここがやるのは上品でいかにも立場にふさわしい規制であり、誰もそれを謝ったりはしない。筋金入りの市場主義者でも、請われれば諸手を挙げてFRBによる規制に賛成するだろう(いまのところそういう事態は起きていないが)。規制案を練り上げるのは、ワシントンの官庁街で働く書記官だの、統計官、調査官、弁護士その他大勢なぞではない。物静かで重々しい数人の紳士が、豪華な会議室で重厚な円卓の周りにゆったりと腰掛け、理路整然と議論した末に決めるのである。紳士たちは命令を発するなどという出過ぎたまねはせず、示唆するにとどめる。主な仕事は金利を上げたり下げたり国債を売ったり

＊"The Memoirs of Herbert Hoover", p.16。
＊＊前掲書、p.11。

買ったりすることで、それを通じて経済の手綱をちょいとゆるめたり締めたりする。そうした行為が何を意味するのか大方の人にはわからないので、あの人たちはきっととてつもなく賢いのだと思われるのも無理からぬことである。とは言えのちにはＦＲＢの行為がときに批判されるようになったし、隠れた意図を問いただされることも珍しくなくなった。

これが、中央銀行の「神秘」の内実である。これが、連邦準備理事会という組織、すなわち一二の連邦準備銀行を主導し政策を策定する機関が一九二九年に果たした畏れ多い役割の中身なのだ。ただし、ひどく困ったことが一つあった。当時のＦＲＢは、あきれるほど無能な組織だったことである。

一九二七年後半までの数年間、ＦＲＢ議長を務め、したがって神のごとき賢人とみなされていたのは、ダニエル・Ｒ・クリシンガーなる人物だった。クリシンガーはオハイオ州マリオンにあるマリオン・スチーム・ショベルという会社で法務顧問を務めており、その仕事には通じていた。しかし、それ以外にこの男の能力を示すものは見当たらない。だが同じくマリオン出身のウォーレン・Ｇ・ハーディング大統領（在任期間一九二一〜二三）の目には十分と映ったのだろう、クリシンガーをワシントンに呼び寄せて議長の座に据えた。ちなみにワシントンでは、ハーディングはオハイオ出の田舎政治家と評されている。二七年には、クリシンガーに代わってロイ・A・ヤングが議長に就任する。ミネアポリス連銀総裁を八年間務めたヤングはクリシンガーよりはるかに優秀だったから、事態に気づいていたことはまちがいない。だがヤングは慎重な人間で、ブームを終結させて殉教者に祭り上げられることなど望んでいなかった。同僚であるFRBの理事は、大統領のハーディングと当時副大統領のクーリッジが指名した人材の中では、ごく平凡な人物ばかりである。ハーバート・フーバーの控えめな表現を借りるなら、元大学教授のアドルフ・C・ミラーを除く全員が「可もなく不可もなし」というところだった。*

それに比べれば、ニューヨーク連銀はもっと強力な指導者に率いられていた。一九二八年まで数年にわたって総裁を務めたのは、その名もベンジャミン・ストロング。ニコラス・ビドル以来のアメリカ人セントラル・バンカーとして名を馳せている。ストロングの見解にはどの連銀も注目し、金本位制に捧げるのと同じくらいの敬意を払ったものである。しかしフーバーに言わせれば、インフレになったのはストロングが注意を怠ったせいであり、最大の責任はストロングにあるという。この件に関する限り、大方の人がフーバーと同意見らし

*前掲書、p.9。

い。確かに、二七年に金融緩和を主導したのはストロングである。苦境に追い込まれたヨーロッパを救うためにやむを得ずしたことだったが、フーバーはのちにストロングを「ヨーロッパの心情的追随者」と呼んだ。*

だがこれは不当である。連銀総裁としてのストロングの行動は、当時の状況ではまったく妥当なものだった。前章でも述べたように、カネを借りやすくなっただけでは投機は起こらない。ただ、ストロング総裁率いるニューヨーク連銀が、わずか一、二ブロック先で起きた投機に十分注意を払わなかったとは言えるだろう。一九二八年一〇月にストロングが亡くなりジョージ・L・ハリソンが総裁になってからも、そうだった。しかしその理由の一つは、当時の大物たちが心配無用と請け合ったことにある。ただしこの連中は、自分がさかんに投機をしていたからそう言ったのだった。二九年一月一日付けでニューヨーク連銀の理事に就任したナショナル・シティ・バンク会長のチャールズ・E・ミッチェルも、その一人である。ブームの終わりはミッチェルの終わりを意味した。そしてミッチェルは、自分の破滅を早めるような男ではなかった。

3

ＦＲＢは事態に気づかなかったのでもやる気がなかったのでもなく、能力がなかったのだ――当時に関しては、このような見方が広く流布している。ＦＲＢは投機に歯止めをかけたいとは思っていたが、その手段がなかったということらしい。これはひどく巧妙な取り繕いであり、当局が選択を迫られた二者択一の本質を覆い隠してしまう。

確かに市場をコントロールする通常のやり方は、ほとんど役に立たなかった。大学に入りたての学生でも知っているとおり、通常の方法は二つある。公開市場操作と公定歩合の調節である。ＦＲＢが国債の売りオペ**を行えば、連銀の金庫には国債の代金として現金が入ってくる。ここに閉じこめておけば悪さはできない。市中銀行に置いておけば大量に貸し付けられ、当時のことだから株の購入に充てられたにちがいない資金は、連銀の金庫で静かに眠ることになる。

ただしこれがうまくいくためには、言うまでもなくＦＲＢが売却すべき国債を保有していなければならない。一九三〇年以降には恐慌、戦争、赤字財政が続いたため、ＦＲＢは大量の国債を抱えることになったが、二九年の時点ではまだその「幸運」に恵まれていなかった。

＊前掲書、p.9、10。
＊＊または、コマーシャル・ペーパー（ＣＰ）の売却・放出。

二八年初めの国債保有高は、六億一七〇〇万ドルである。市場に供給される資金の流れを干上がらせるべく、その年の前半に大量の売りオペが行われた。そして後半に入ると、狙い通り投機は鎮静化したとの甚だしい勘違いから公開市場操作は打ち切られたが、どのみち長くは続けられなかったにちがいない。二八年末には、FRBの国債保有高は二億二八〇〇万ドルまで減ってしまったからだ。とは言えこれを全部市場で売り切れば、ひょっとするとそれなりの効果はあったかもしれない。だがFRBは、そこまで大胆な挙に出る立場にはなかった。もしそんなことをすれば、連銀の虎の子の資産がほとんどなくなってしまう。二九年初めには数百万ドル単位の売りオペが何度か行われたが効果はほとんどなく、しかもこんな弱腰の手を打つときでさえFRBはびくびくしていた。株式市場への資金の流れを断ち切ってしまうと「まとも」な企業まで打撃を受けるのではないか、と懸念したのである。そこで、銀行引受手形（通常の商業取引で振り出され、銀行が引き受けた手形）の買い取りは継続する。おかげで市中銀行は手形を期日まで持っている必要がなくなり、いそいそと資金を貸し出し、それは株式市場へと流れ込んでいった。

　市場をコントロールするもう一つの手段は、公定歩合である。公定歩合とは、市中銀行がその地区の連銀から借り入れるときの金利を指す。連銀から借りれば、手元資金以上に貸し出することが可能になる。一九二九年一月の時点では、ニューヨーク連銀の公定歩合は五％。一方、ブローカーズ・ローンの金利は六〜一二％である。公定歩合がよほど引き上げられない限り、市中銀行は連銀から借りて直接間接に株式市場に資金を供給しても、十分利ざやを稼げる計算だった。ＦＲＢはもともと荒療治を避ける傾向があるし、大幅利上げをすれば一般の企業や消費者や農家まで影響を被ることになる。いや正確に言えば、金利が上がれば誰もが困るが、相場師だけは一向に困らないのである。たとえばある男が金利一〇％で投機資金を借り、二八年初めにラジオ株を買って年末に売ったとしよう。この男は、たとえ金利が倍になってもすこしも困らないはずだ。なにしろこの年にラジオは五倍に値上がりしており、投資収益率は五〇〇％に達するのだから。

一九二九年二月一四日、ニューヨーク連銀は投機対策として公定歩合を五％から六％に引き上げることを提案した。ＦＲＢは、それは意味のない措置で、一般企業の資金調達を困難にするだけだと指摘する。議論は長引き、フーバー大統領はＦＲＢの肩を持つ。結局公定歩合は、夏の終わりまで引き上げられなかった。

ＦＲＢに事態を傍観する格好の口実を与えた事情がもう一つあった。それは、前にも書いたとおり、市場には企業や個人から資金が流れ込んでいることである。一九二九年を通じて、ニュージャージー・スタンダード石油（現エクソン）は平均して一日六九〇〇万ドルをコールローン市場に供給した。エレクトリック・ボンド・アンド・シェアは一億ドル以上である。* シティーズ・サービスなど数社は、保有証券を売却してまで、その代金をコールローン市場で貸し付けた。** 二九年初めには、こうした銀行以外からの貸出残高が銀行の貸出残高にほぼ匹敵するまでに膨れ上がり、その後は銀行を大きく上回るようになる。そしてFRBは、これに対しては何もできないと思い込んでいた。

4

要するにFRBは、自ら望んで役立たずになっていたのである。その気にさえなっていたら、たとえば信用取引を停止する許可を議会に求めることができたはずだ。そのためには、最低保証金の維持率の決定権をFRBに与えてもらえばよい。とは言え、一九二九年に保証金維持率が低すぎたわけではない。まだ少しは慎重だった証券会社は、購入株券の四五～五〇％相当の保証金を顧客に要求していた。これは大方の客にとって手持ち現金ぎりぎりの掛け目だったから、もし二九年初めにたとえば七五％まで引き上げるか、少なくとも引き上げを真剣に検討し始めていたら、投機家は売りに転じていただろう。大勢の小口投機家はもちろん、一握りの大口投機家もそうしていたにちがいない。そうなればブームは急激に衰え、はなばなしく終焉を迎えていたはずだ（保証金維持率の決定権がFRBに与えられたのは、ようやく一九三四年になってからのことである。この年には投機が復活する徴候が顕著に表れ、証券取引所法が制定された）。

実際には、新しい法律など制定するどころか検討する必要さえなかった。誰か高い地位にいる人が投機や相場師を強く非難し、株価は高すぎると警告するだけで、まずまちがいなく呪縛は解けたと考えられる。かなりの人が夢から覚めただろう。できるだけ長く市場に止まるが手遅れにならないうちに手仕舞うか空売りするつもりだった玄人筋は、潮時とみてそうしただろう。職業柄、機を見るに敏な連中のことだから、すぐさま売り抜こうとする。だから一旦売りが始まれば、売りが売りを呼び、売り一色になったはずだ。

だがこの方法にこれほど効果が期待できること自体が問題だった。FRBの持っている武器の中で、いちばん結果を予測できないのが言葉である。一つまちがえればおぞましい結果を引き起こしかねない。しかも責任者をはっきりと名指しできるから、発言者は確実に血祭りに

＊ "Stock Exchange Practices", Report of the Committee on Banking and Currency pursuant to Senate Resolution 84 (Washington, 1943), p.16。
＊＊ 前掲書、p.13-14。

上げられるだろう。というわけで一九二九年初めには、FRBの中でも慎重な理事にとって、文字通り沈黙は金となっていた。

ブームは依然として続いていた。タイムズ平均は一月に三〇ドル上昇し、前年一一月の大統領選挙直後よりも大幅な上昇を記録した。ブローカーズ・ローンはなんと二億六〇〇〇万ドルに拡大する。ニューヨーク証券取引所の出来高は、一月中に五回（そのうち三日は新年早々のご祝儀相場だったが）も五〇〇万株の大台に乗った。効き目のある措置をとれば大惨事を招くかもしれなかったが、それでも何か手を打たざるを得ないのは明らかだった。ついにFRBは連銀に通達を出すことと報道発表をすることを決意する。それが精一杯だった。

二月二日、FRBは連銀宛てに次のような通達を出す。

「連邦準備制度に加盟する市中銀行は、投機資金の融資を行う目的またはかかる融資を継続する目的で連邦準備銀行から借り入れを行う場合、しかるべき公定歩合の適用を求めることはできない。連邦準備理事会は、連邦準備銀行に関わりがない限り、市中銀行の貸出業務に干渉する権限は持たない。しかしながら、連邦準備銀行からの借入金を投機的な資金の貸出維持に充てていることが明らかになった場合には、連邦準備理事会は重大な関心を持つ*」

さらに二月七日には、一段と手の込んだ声明が発表される。中央銀行が書く文書のお手本になるような代物で、物好きがさかさまからも読みたくなるような文章だったが、これは一般市民に警告を発するための声明だった。

「連邦準備理事会は、商工業に便宜を与える目的で連邦準備制度の信用供与を運用するという連邦準備銀行の任務の遂行が事実上阻害されるような事態を認めた場合には、これを調査し、かかる事態を是正するために適切且つ効果的と考えられる措置を講ずる義務を持つ。当面の状況においては、当該措置として、投機目的の信用供与を拡大する目的で連邦準備制度の融資を直接間接に利用することを制限する」**

この警告が出されるのとほぼ時を同じくして、イングランド銀行が公定歩合を四・五%から五・五%に引き上げるというニュースが舞い込む。イギリスの資金が大西洋の向こうの投機天国へ流出するのを食い止める目的だった。その結果、株価は急落した。二月七日には、出来高が五〇〇万株を超える大商いの中、タイムズ平均は一一ドル下落。翌日にはさらに下がった。その後市場は反発したものの、二月全体の上昇は小幅にとどまっている。FRBのこうした警告はエコノミストの間で「道義的勧告」と呼ばれるが、このときの勧告は失敗だったとい

＊ Thomas Wilson "Fluctuations in Income and Employment", p.147。
＊＊ 前掲書、p.147-148。

うのがほぼ一致した見方になっている。市場の鎮静化が一時的だったためだ。

だが成功だったと考えることは可能だし、むしろそう評価すべきだったのではないか。確かにあれ以上曖昧な書き方はあるまいと思われるような文章で、狼狽ぶりがありありとわかるような声明ではある。とくに、連邦準備制度の貸出が関与するのでない限り投機資金の貸出に干渉する意図はない、という下りは問題である。これを読めば、投機が現に進行しているにもかかわらず、FRBがその抑制よりも責任逃れに意を注いでいることは明らかだ。もう一つ、懸念すべきは投機の現行水準ではなく拡大だとほのめかすような文言を、名乗りも上げない起草者が巧みに滑り込ませている点も問題と言えよう。このように極端に弱気の声明だったのだが、それでも神経が過敏になっている当時のような時期には、大幅な下落を誘発することができたのだった。

5

市場の神経質ぶり、そして市場以上に神経質になっているFRBの誰疑うことのない権威の正体は、三月になると一層はっきりする。離任を間近に控えた三月初めのある日、クーリッジ大統領は、株は割安でアメリカは健全だというのんきなコメントを発表。市場は、新聞言うところの「新大統領歓迎相場」で急騰した。そして三月四日にはフーバーが大統領に就任する。新大統領の投機に対する見解はまだ知られておらず、二、三週間、市場の活況は続いた。

だが三月が終わりに近づく頃、ウォール街に不穏な情報が届く。ワシントンではFRBが毎日会議を開いているというのだ。声明は何も発表されない。会議後に新聞記者が追及しても、理事たちは沈黙で応えるだけだった(この口の堅さはいまも変わっていない)。会議の議題は一切明らかにされなかったが、市場絡みだということは誰でも知っていた。会議は毎日続き、まったく前例のないことだが土曜日も開かれた。

いくら何でもこれはひどすぎた。異例の土曜会議直後の月曜日である三月二五日には、市場の緊張は耐え難いほどになる。FRBが依然として沈黙していたにもかかわらず、と言うよりもそのせいで、大勢が売りに転じた。投機の対象になっていたコマーシャル・ソルベンツ、ライト・エアロノーティック、アメリカン・レールウェイ・エクスプレスは一〇~一二ドル下落し、タイムズ平均は月曜日だけで九・五ドル下がった。それだけではない。一部の銀行は、FRBが融資取り締まりを強化した場合に備え、ここで規律を正しておけば利息収入以上の見返りが期待できると判断する。そしてコールローン市場での貸出を縮小し始め、ローン金利を一四%に引き上げた。

翌三月二六日火曜日になると、事態は一段と悪化する。FRBは相変わらずだんまりを決め込んでおり、事ここに至っては、それは混乱を助長するだけだった。不安が市場を覆い、一層多くの人が売りに出る決心をし、そして大量に売り始める。この日には過去の出来高を大幅に上回る八二四万六七四〇株が取引され、相場は棒下げの様相を呈し、最低値が前日を二、三〇ドルも下回る銘柄が続出した。タイムズ平均は、一時的とは言え前日終値を一五ドル下回った。右肩上がりの市場しか知らなかった連中は、初めて株投機の苛酷な現実を知る。どの銘柄も、値が付くたびに前の値を割り込んだ。おまけに前例のない取引量に株価速報が追いつけなくなり、速報の役を果たさなくなる。悪い状況がますます悪化しようというのに、情報が手に入らなくなった。その日が終わるまでに、数千人が証券会社からひどく横柄な電報を受け取る。追い証を即刻払えという要求だった。金持ちのおじさんのように鷹揚で親しげだったそれまでの調子は、もうどこにもなかった。

一方銀行は、嵐に備えて貸し付けを絞り続けていた。また一部の玄人筋は、資金供給が止まって信用取引が続けられなくなる時期は近いと見越して売りに出ていたようである。確かにその時は近いようにみえた。なにしろ三月二六日にはコールローン金利が二〇%に達したのである。一九二九年のブームを通じて最も高い水準だった。

一九二九年三月二六日が最後の日になってもおかしくなかった。資金需給はタイトなままでおかしくなかったし、当局はそれを維持する意志を強固に貫いてもよかった。そうなっていたらパニックは続き、値下がりするたびに新たに売りに出る人が増え、それがまた下落を呼ぶという展開になっていただろう。だがそうはならなかった。もしそれが誰かの手柄だとするなら、チャールズ・E・ミッチェルしかいない。FRBの面々は態度を決めかねていたが、ミッチェルの立場ははっきりしていた。ブームを後押しすることである。ミッチェルはナショナル・シティ・バンクの会長であり、辣腕の投資銀行家として評判だった。ナショナル・シティ・バンクと言えば全米二大商業銀行の一つで、絶大な影響力を持つ。そのうえニューヨーク連銀の理事でもあったから、その発言はFRB理事に劣らぬ重みがあった。流動性が逼迫し、金利は上がり株価は下がり続けたこの日、ミッチェルは一役買って出ることを決心する。そして報道陣を前にして「われわれはマネー・マーケットにおける危機を回避する義務があり、この義務はFRBによる警告その他に優先すると考えている」と述べた。さらに続けて、ナショナル・シティ・バンクは投資家が撤退せずに済むよう必要な資金を供給すること、またニューヨーク連邦準備銀行から借入を行い、FRBが警告したまさにそのことをするつもりである(実際にそうした)ことを明らかにした。金融業界特有のレトリックがほとんど使われていないミッチェルの明快な発言は、ジャージーシティ市長ヘイグが発したあの有名な言葉に連なるものである――「私がこの市の法律だ」。

ミッチェルの言葉は魔法のように効いた。二六日の市場が引ける頃にはコールローン金利は引き下げられ、市場は反発する。相変わらずFRBは沈黙していたが、今度は誰も不安には感じなかった。沈黙は、FRBがミッチェルの手腕に屈したことを意味するからである。翌日、ナショナル・シティ・バンクは公約を実行に移す。最高二五〇〇万ドルをコールローン市場に供給し、金利を適正水準に保つと発表したのだ。金利が一六%のときに五〇〇万ドル、その後は一%上昇するごとに五〇〇万ドルを供給するという内容だった。数日後に発行された月報で同行はこの措置を正当化し、ついでにFRBが直面した二者択一の本質を見事に解説してのけた。ナショナル・シティ・バンク自身がどちらを選ぶかについて何の迷いもなかったのは、言うまでもない。「ナショナル・シティ・バンクは投機の行き過ぎの危険を十分に承知しており、信用供給の過剰な拡大を抑制しようとするFRBの意図を支持する。しかし同時に当行、産業界全体、そしておそらくは連邦準備銀行は、（中略）経済界に壊滅的打撃を与えるような証券市場の崩壊を避けたいとも望んでいる」*

6

ただしミッチェルは批判を免れることはできなかった。上院で調査が検討され、上院議員のカーター・グラスは次のように述べている。グラスは連邦準備法の起草に尽力し、その運用に強い重大な関心を寄せていた。「ミッチェル氏は、ニューヨーク連邦準備銀行の理事として宣誓した義務よりも、狂乱する株式市場に対する義務の方が優先すると公言したのだ。（中略）連邦準備銀行は、即刻同氏の辞任を要求すべきである」。だがFRBの方は、そんなことを露ほども考えていなかった。このあたりからも、例の「道義的勧告」を断固実行に移す決断力をFRBが持ち合わせていなかったことがうかがえる。

FRBは、あれ以上控えめにすることはまずできなかったにちがいないのだが、それでもミッチェル以上に批判された。これについてジャーナリストのアーサー・ブリスベーンが行った指摘は、しごくまともだったと言える。「株を売ったり買ったりすることが悪いのなら、政府は証券取引所を閉鎖すべきだ。悪くないなら、FRBがお節介をすべきではない」。これに比べると、投資専門誌バロンズの社説でセス・アクスリーが行った批判は公平とは言えない。

＊ミッチェルが上院銀行・通貨委員会の公聴会にて引用した。"Stock Exchange Practices", Hearings, Subcommittee, Senate Committee on Banking and Currency, February-March 1933, Pt. 6, p.1817。

「経済の実態を知るためにどんな手段が実証されているのか、またどんな技術が開発され、どんな新奇な発明がなされているのか、ＦＲＢは投資家に教えようとしない。これではＦＲＢがいまの時代を正しく理解しているのか、疑わざるを得ない」*。ＦＲＢが実際にやったのは会議を開き沈黙を守ることだけだったのだから、アクスリーの批判はどう考えても的外れである。それでもジョゼフ・Ｓ・ローレンスに比べれば、まだずっと穏やかだったと言えるだろう。当時売り出し中のプリンストン出身のこの若手研究者は、市場の擁護者として一躍注目を浴びるようになっていた。

　ローレンスの書いた『ウォール街とワシントン』が権威あるプリンストン大学出版局からその年の後半に出版されたとき、ある大手金融誌は「学界に新風が吹き込まれた」と絶賛したものである。この注目すべき本によれば、ＦＲＢが株式市場を規制したがるのはまったくの偏見からだという。この偏見というのは、「裕福で教養高く保守的な東海岸に、貧しく無教養で過激な内陸部の利害が衝突し、精神的・知的に相容れない」ことに起因するのだそうだ**。言うまでもなく教養高く保守的なローレンスは東海岸出身で、ウォール街もここに含まれる。彼はまた、上院のＦＲＢ擁護派のことも激しく攻撃した（ただしおかしなことに、カーター・グラスは東海岸のバージニア州出身である）。「西暦一九二九年という年には、知性ある公人と見なされている集団が、狂信的な情熱と偏狭な無知によって害悪がとめどなくまき散らされるのを容認した。じつに信じがたいが、実際に起きたことである。（中略）バージニア州出身の例の上院議員が審議会と称される愚劣な場で行う発言は、途方もなく非論理的であつかましい。度を越して頑迷で偏屈なこの議員は、穢《けが》れを知らぬ純粋な人々を悪者呼ばわりしたのである」***。海千山千のウォール街の連中は、「穢れを知らぬ」云々が自分たちのことだと知ったらさぞ驚いたにちがいない。

7

三月にミッチェルにしてやられたFRBは、戦場を撤退する。それでも、何か奥の手を出してくるのではないかという一抹の不安が市場に残った。そこで四月にはあの大物投機家ウィリアム・C・デュラントがある夜密かにホワイトハウスを訪れ、FRBに手を引かせないと悲惨なことになると警告した、とされている。フーバー大統領は言質を与えなかった。そこ

＊Barron's (May 6, 1929)。
＊＊"Wall Street and Washington" (Princeton: Princeton University Press, 1929), p.3。
＊＊＊前掲書、p.v。

でデュラントはヨーロッパに向かう前に持ち高を減らしたと言われる。[*] 六月になると、ローレンスがプリンストン大学から声を上げる。FRBはいまだに「繁栄をもたらす仕組みを破壊しようと画策」しており、そうした行為は「知性と公共心あふれる善良な人々（これまたウォール街の連中のことである）の恨みを買うだけだ」と警告を発した。[**] だがもうとっくにFRBは、この知性と公共心あふれる善良な人々を放っておくことに決めていた。FRB議長だったヤングがのちに語ったところによれば、「ヒステリー程度ならなんとか抑えられる」かもしれない、しかし事ここに至っては放任以外に選ぶ道はなく、したがって連邦準備銀行は「避けられない崩壊」を覚悟するしかないと考えていたのである。[***] もっと正確に言うなら、連邦準備制度の大物たちは、崩壊は自分たちの責任ではないと決めたのだった。

八月になってようやくFRBは、公定歩合を六％に引き上げることに同意する。市場はいくぶん軟化したが、それもたった一日だけだった。公定歩合引き上げと同時に市中銀行から手形を買い取る際の割引率が引き下げられたせいで、効果はほとんどなかったからである。

実際のところ、三月末以降、市場はもう当局に一切煩わされなくなっていた。フーバー大統領はロサンゼルスの銀行家ヘンリー・M・ロビンソンをニューヨークに派遣し、株式ブームに関して同地の銀行経営者と会談させたが、何も問題はないと保証されたという。[****] 大統領はまたニューヨーク証券取引所の副理事長であるリチャード・ホイットニーも呼び寄せ、投機に対して何か手を打つべきだと言った。何もなされなかった。結局大統領は、こんなふうに考えて気休めをする——株取引を規制する第一の責任は、ニューヨーク州知事であるフランクリン・D・ルーズベルトにあるのだ、と。*****

しかしこと株式市場に関する限り、ルーズベルトも自由放任政策を採っていた。その頃ボストンにはマクニールズ・フィナンシャル・サービスという投資顧問会社があり、自ら「投資家貴族」と称して投資の新しいノウハウをさかんに宣伝した。それによると『株投資必勝法』なる本を読めば七万ドル儲かるという。確かに、誰でも儲けられたにちがいない。その本を読まなくても、それどころか字が読めなくても儲けられただろう。ついに政府の余計な口出しや

* このヨーロッパ行きについては Earl Sparling "Mystery Men of Wall Street" (New York: Greenberg, 1930), p.3-8 に記述がある。この本に書かれた事実は、著者の見解とは異なり比較的正確であるが、真偽のほどは明らかではない。

** Barron's (June 10, 1929)。

*** Seymour E. Harris "Twenty Years of Federal Reserve Policy" (Cambridge: Harvard University Press, 1933), p.547、同書は非常に控え目ながらＦＲＢの政策を正確に検証しており、私は頻繁に利用した。

**** Hoover "Memoirs", p.17。

***** 前掲書。フーバー氏は日付など細かいことには無頓着で、ホイットニーを理事長だと書いている。しかし理事長になったのはだいぶあとになってからだった。

仕返しを恐れる必要のなくなった市場は、いまや波立つ大海原はるかに乗り出そうとしていた。とくに六月一日以降は、誰もが恐れや迷いを捨てた。これほど多くの人が、これほど見事に、これほどたやすく、これほどすぐに金持ちになったことは後にも先にもない。フーバー大統領とメロン財務長官が、そしてＦＲＢが手を引いたのは、たぶん正しかったのだ。長い間貧乏暮らしをする価値はきっとあったのだ――ほんの一時にせよ、あれほど金持ちになれたのだから。

第3章

ゴールドマン・サックス登場

In Goldman, Sachs We Trust

一九二九年初めにウォール街の知性あふれる人々が頭を悩ませていたのは、連邦準備理事会(FRB)の政策という厄介な問題だけではない。株が不足しかねないという心配があった。株価がこれほど高い理由の一つとして、株が十分にないため「希少価値」が出てきたからだという説明がなされていた。新規に発行された株には買い手が殺到してすぐに市場から姿を消し、いくら値上がりしても売りに出ないだろうという。

もしほんとうにそうだとしたら、需要に供給が即応しているにもかかわらず、株は希少化したことになる。と言うのも、おなじみの需要と供給の関係を調べてみると、歴史上これほど供給が敏感に反応したことはかつてなかったからだ。もちろん、このときのブームの最大の特徴が、人々の旺盛な買い意欲とそれによる株価の急騰にあったことはまちがいない。とは言え、売り出された証券類の急増ぶりも、これに劣らず目を惹く。さらに、企業が株や社債を売りさばこうとする熱意と巧妙な仕掛けもまた際立っていた。

ただし、一九二八年と二九年に証券発行残高が増えたと言っても、増加分がすべて投機需要に応えるものだったわけではない。当時は、通常の事業目的で資金調達をするのにも絶好の時期だった。投資家は喜んで資金を提供してくれ、小うるさい質問などしない（たとえば当時人気の銘柄にシーボード・エアラインというまぎらわしい名前の鉄道会社があったが、航空は成長産業だからと考えて買う人が多かった）。景気はよくなる一方だと考える経営者は、この好況期に工場を整備し運転資金を蓄えるのがよかろうと判断する。けちけちしている場合ではなかった。

この時期はまた業界再編も進行した。合併や買収となれば新たな資本金が必要で、そのためには株や社債を発行しなければならない。それではここで、二〇年代にみられた企業統合の動きに簡単に触れておくことにしよう。

合併そのものは以前からあったが、当時のようなタイプは、いろいろな意味でそれまでにないものだった。一九〇〇年前後に多くの産業で行われたのは、規模の大きい企業による小さい企業の吸収である。USスチール、インターナショナル・ハーベスター、インターナショナル・ニッケル、アメリカン・タバコなどの大企業が生まれたのはこの時期だ。これらのケースで統合されたのは、同一または関連する製品を同じ国内市場に向けて製造販売している企業だった。つまり統合の目的は、ごく少数の例外を除き、競争を減らすかなくす、あるいは競争を支配することだったと言える。こうして誕生した巨大企業は業界に君臨し、価格や生産に多大な影響力を振るい、おそらくは投資にも、また技術革新のスピードにも影響を与えるようになった。

一九二〇年代にもこの手の合併買収がなかったわけではない。だがこの時期に実行された企業統合の大半は、正面切って競争する企業同士ではなく、同一事業ではあってもちがう地域を縄張りにする企業同士によるものだった。地方の電力、ガス、水道、バス、乳業などの会社が統合され、広い地域あるいは全国的な供給網に組み込まれた。統合の目的も、競争の排除ではない。地方の企業にありがちな非効率、無計画、無知、規範の欠如を駆逐することにあった。二〇年代にニューヨークやシカゴのダウンタウンにオフィスを構える経営者は豊富な金融知識を誇ることができたが、地方の経営者はそうではない。田舎者に代わって都会の洗練された経営陣が指揮を執るメリットを主張するのに、遠慮してみせる必要などなかった。

公益企業では管理統制の中央集権化を図る手段として持株会社方式を活用し、持株会社が事業会社の経営権を買い取る形をとった。ときには他の持株会社の経営権を買うと、その持株会社が別の持株会社の経営権を握っており、それがまた持株会社を通じて直接間接に事業会社を支配する、といった例もある。あちこちで地方の電力、ガス、水道会社が持株会社組織に呑み込まれていった。

似たような動きは、食品・日用品小売業、百貨店、映画館などでもみられた。やはり地方の店主が退場し、本社や本部による中央集権型経営に道を譲っている。ただし公益企業とは違い、こちらで使われたのは持株会社方式ではなくチェーン方式だった。これらの業種では、既存店を買収する代わりに新規に出店することも頻繁に行われた。

持株会社は事業会社の買収資金を調達するために、チェーン経営企業は新規出店の資金を調達するために、次々に株や社債を発行した。一九二九年以前の花形は急拡大する公益企業、たとえばアソシエーテッド・ガス・アンド・エレクトリック、コモンウェルス・アンド・サザン、インサル・ユーティリティーズなどだったが、チェーン経営も、少なくともこの時代の象徴的存在だったと言える。たとえば百貨店のモンゴメリー・ウォードは当時投機筋に人気の銘柄の一つだったが、その理由は同社がチェーン展開をしていたことにある。チェーンだから有望だ、というわけだ。スーパーマーケット・チェーンのウールワースやアメリカン・ストアーズなどもそうだった。銀行業界でも、支店展開や系列化に関心が高まる。そうなると、小さな市や町の銀行を統合して地域あるいは全国ネットワークを形成する試みを、時代遅れの州法や連邦法が邪魔していると感じられるようになった。そこで、法律の意図を出し抜くためのさまざまな工夫がもてはやされるようになる。とりわけ歓迎されたのが、銀行持株会社方式だった。

こうした空気の中では、目新しい有望そうな事業に対する関心の高まりに乗じ、つけこもうとする輩が出現するのは避けられない。こうした手合いは、事業目的ではなく、株を売りさばくためだけの目的で会社を興す。放送と航空関連はことに値上がり期待が強かったため、それだけを頼みに新会社が次々に設立された。一九二九年秋には、ニューヨーク・タイムズ紙にテレビ時代の到来を告げる広告が出される。広告には「想像を超えた可能性を秘める新技術」という先見性にあふれる言葉に続き、「この秋にはテレビは全家庭に普及する」などという見通しの甘い一文も添えられていた。だが全体としてみれば、この年の株式ブームを支えていたのは新種の産業ではなく、ブームは直接間接に既存の産業や企業に依存していた。投機がさかんな時期には、新奇な目的のために売り出される新奇な株が主役を演じることが多いが、二九年には端役に過ぎなかった。たとえば南海泡沫事件のときには、海水淡水化会社、私生児専用病院建設会社、海賊撃退船建造会社、スペイン産雄ロバ輸入会社、果ては永久運動車輪製造会社といった会社の株が続々と売り出されたものである。* だが二九年には、その類の株はさほど登場していない。

2

一九二〇年代後半に投機のために考案された仕組みのうち、何よりも特筆に値するのは、投資信託、正確には会社型投資信託である。この仕組みほど、株を買いたいという人々の欲望を満足させたものはほかにない。投資信託は、新しい会社を興すわけではないし、古い会社を大きくするわけでもない。会社型投資信託という新しい媒体を通じて、古い会社の株を買えるようにするだけである。二〇年代にはアメリカでさえ、既存企業が使える資本の額にも新会社が調達して使う額にも限度があった。しかし投資信託の登場で、企業が発行する株や社債の額を既存資産の額から完全に切り離せるようになる。これが投資信託のすばらしい利点だった。株や社債の発行残高は、資産の二倍、三倍になっても、いや何倍になってもいい。これに伴って証券の引き受けは拡大し、市場に出回る証券の数は増え、買える数も増えた。と言うのも、投資信託は買う以上に売ったからである。差額はコールローン市場や不動産に流れるか、発起人のポケットに入る。時代の要請にこれほど適った発明、株不足の懸念をこれほどうまく払拭してくれる発明がほかにあるだろうか。

投資信託は、アメリカに渡ってくるのは意外に遅かったけれども、発想自体はとくに新しいものではない。イングランドやスコットランドでは一八八〇年頃から、会社型投資信託の株を買うという形で投資家の資金をプールする仕組みができていた。資金の出し手の多くは、小口の投資家である。投資信託はこうして集めた資金を投資する。ごく一般的な投資信託は、五〇〇〜一〇〇〇社に上る事業会社の株や債券に投資していた。したがって、数ポンドしか持っていない投資家であれ、数百ポンドを投じる投資家であれ、自分一人で運用するよりはるかに広く危険を分散することができる。それにいやしくも投資信託の運用マネジャーなら、投資先であるシンガポールやマドラスやケープタウンやアルゼンチンの会社の内容や将来の見通しについて、ブリストルの未亡人やグラスゴーの医者よりはよく知っていると期待できる。そこでリスクの抑制と高度な専門知識というメリットを理由に、投資会社は結構

＊Walter Bagehot "Lombard Street", p.130, 131°

な報酬をいただく。こうして、はじめはいくつか失敗もあったものの、投資信託はイギリスで一定の役割を果たすようになった。

一方、一九二一年以前のアメリカでは、証券投資を主目的とする会社は規模の小さいものが数社あるだけだった。* しかし二一年になると、投資信託への関心が俄然高まり始める。たくさんの新聞や雑誌でイングランドとスコットランドの投資信託が紹介されたことが、その理由の一つだった。記事によれば、他国はこの革新的な手法で先行しており、アメリカは時流に乗り遅れているという。だがアメリカが追いつくのに時間はかからなかった。投資信託が次々に誕生し、二七年初めにはその数は一六〇に達したとみられる。その年の終わりまでに、さらに一四〇が発足した。**

イギリスでは、集めた資金の投資に関して、投資信託の運用マネジャーにかなりの自由裁量が認められている。だがアメリカの同業者は遠慮したのか、当初はそこまで自分たちを信用してくれとは言わなかった。このため初期の投資信託会社の多くは、信託業務だけを行う信託会社にとどまっている。投資家はいくつか決められた組み合わせの有価証券に対する権利を買い、会社に預託するという形である。信託会社の方は最低限の規律として、購入する証券の種類やその保管・運用方法について厳格なルールを自らに課していた。だが一九二〇年代も半ばを過ぎる頃には、そうした規律は消え失せてしまう。投資信託会社は今度は投資会社に変貌し***、自ら有価証券を発行して一般に売り出し、調達した資金を自分たちの裁量で投資するようになった。発行する証券は普通株だけの場合もあったが、多くは普通株、優先株、社債、担保付き社債の組み合わせだった。そして普通株主が社の経営に口を出す可能性を防ぐために、議決権なしの株を買わせたり、経営陣の支配下に置かれた議決権信託に議決権を預託させるといった措置を講じた。

ニューヨーク証券取引所は、長いこと投資信託を疑いの眼で見ていた。上場を許可したのは一九二九年になってからのことで、そのときでさえ上場審査委員会は投資信託に対し、上場時点で保有する証券の簿価と時価を提出するよう命じた。さらにその後も年一回、保有証券の明細を提出しなければならなかった。このためほとんどの投資信託はニューヨーク証取を避け、中小株や金融商品中心のカーブ取引所（現在のアメリカン証券取引所）か、でなければボス

＊ある推定では、四〇社ということになっている。"Investment Trusts and Investment Companies", Pt. I, Report of the Securities and Exchange Commission (Washington, 1939), p.36 を参照されたい。

＊＊前掲書、p.36。

＊＊＊であるから、正確を期すためには投資会社と呼ぶべきだろう。だが本書では、不正確ではあっても慣用的な用語の方を採用した。

トン、シカゴなど地方の取引所に上場した。保有証券の開示を拒んだのは、もちろん自分たちの都合からだが、表向きは思慮深い用心のためとされていた。運用マネジャーの投資判断はたいへん信頼されているので、選定銘柄を不用意に公表すれば、買いが殺到して途方もなく値上がりする恐れがある、というのだ。南海泡沫事件では、あるあやしげな会社の株が値上がりしたことを歴史家はふしぎがる。それは「いずれ内容が公開される事業」というもので、これが大人気だったそうだ。しかし投資信託の方がよほどふしぎと言えよう。「決して内容が公開されない事業」であるにもかかわらず、大いに売れたのだから。

3

一九二八年の一年間で、推定一八六社の会社型投資信託が組織された。そして翌二九年初めには一営業日ごとにほぼ一社のペースで設立され、年間で二六五社が誕生している。投資信託が一般向けに販売した有価証券の総額は、二七年には四億ドルに過ぎなかったが、二九年には推定三〇億ドルに到達。その年の新規発行額の三分の一をゆうに上回った。そして二九年秋には投資信託の総資産額は、二七年初めのほぼ一一倍に相当する八〇億ドルを上回っている。*

投資信託は、一般の事業会社とは成り立ちが異なり、既存企業が出資して設立するケースが大半だった。一九二九年までに、驚くほどたくさんの企業が投資信託を設立している。投資銀行もあれば商業銀行もあり、証券会社もあった。そして何より特筆すべきは、投資信託自身が新たな投資信託をさかんに創設したことである。顔ぶれを見ると、上はモルガン家から下はチョーンシー・D・パーカーなる人物まで色とりどりである。モルガン家はユナイテッド・アンド・アレガニーを設立した。パーカーは資金難に陥ったボストンのある投資銀行の経営者だが、二九年に投資信託を三社設立した。そして頭に血が上った一般投資家相手に総額二五〇〇万ドルの有価証券を売りさばいたものの、集めた資金の大半を失い、最後は破綻している。**

わざわざ資金を投じて投資信託を設立するのは、むろん見返りがあってのことである。親会社は、通常は投信子会社と経営契約を結ぶ。親会社が投資信託を運営し、集めた資金を運用し、運用残高または利益の一定比率を手数料として受け取る、というのがごく一般的な契約条件だった。出資するのが証券会社であれば、投資信託に代わって証券の売買を行い、それについても手数料を取る。親会社の多くは機関投資家の発行引受を手がける投資銀行だったから、

＊本稿に掲げた推定数字は、すべて“Investment Trusts and Investment Companies”, Pt. III, Chap. 1, p.3, 4によった。
＊＊前掲書、Pt. III, Chap. 2, p.37 ff。

言ってみれば自分で証券を製造して自分で売り出すようなものである。つまり傘下に投資信託を持つのは、自分たちの事業を確保するこのうえない方法だった。

だが何と言っても出資企業に最大の見返りをもたらしたのは、会社型投資信が発行した株なり社債なりに対する一般投資家の熱狂的な反応である。公募価格にかなりのプレミアムがついても、投資家はまずまちがいなく喜んで払った。出資企業や投資信託の発起人には、株式またはは公募価格で株を買えるワラント債（新株予約権付社債）が割り当てられるから、それを売るだけで利益を手にすることができる。たとえば件のパーカー氏が設定した会社型投資信託の一つはシーボード・ユーティリティーズ・シェアーズという立派な名前が付いているが、普通株一六〇万株を発行し、価格を一株一〇・三二ドルに設定した。一〇・三二ドルで一般に売り出したのではなく、パーカーと仲間に一〇・三二ドルで割り当てたのである。公募価格は一一ドルから一八・二五ドルの間で、利益は扱った証券会社と折半された。*

この手のことは、なにやらいかがわしい連中だけの専売特許ではない。あのJ・P・モルガンでさえ、似たようなことをやっていた。同商会はボンブライト商会と共に一九二九年一月にユナイテッド・コーポレーションに出資し、普通株一株と優先株一株のパッケージをお友達に七五ドルで提供した。お友達の中には言うまでもなくモルガンの共同出資者も含まれている。これはたいへんなお買い得だった。その週の終わりにユナイテッド・コーポレーション株の店頭取引が始まったが、買い呼び値は九二ドル、売り呼び値は九四ドルが付き、四日後には九九ドルに達している。七五ドルで割り当てられた株はこの値段で売ることができたし、実際にすぐさま売られた。** これほどおいしい果実を手にできるのだから、投資信託が次々に設立されていったのも、すこしも驚くには当たらない。

4

投資信託は金融の進歩を体現する革新的な仕組みであり、その恩恵に与っていない国民がいるのは大変残念だと言い出す奇特な人もいた。その一人がジョン・J・ラスコブである。ラスコブは先ほどのユナイテッド・コーポレーションの一件で一儲けしており、民主党全国委員長として国民の最良の友を標榜する立場からも、自分が掴んだようなチャンスを全国民が享受できるようにしたいと考えた。

この博愛精神に満ちた願いを、ラスコブは年内に一つの形にして発表する。レディーズ・

＊前掲書、p,39。
＊＊"Stock Exchange Practices", Report (Washington, 1934), p.103-104。

ホーム・ジャーナル誌に掲載された魅力的なタイトルの論文「誰でも金持ちになれる」がそれだ。この中でラスコブは、毎月一五ドルを貯金し、堅実な株に投資し、配当を使わずにとっておけば、誰でも二〇年後には八万ドルを手にできる（当時はたしかにそう思われた）と述べた。なるほどこれなら大勢の人が金持ちになれる。

ただしそれは二〇年後の話である。金持ちになるのに二〇年待つのは、とりわけ一九二九年には、長すぎるようにみえた。それに民主党員であって人民の友を自認する立場でそのように悠長なことを言っていると、反動主義者のレッテルを貼られかねない。そこでラスコブは、もっと進んだ提案を行った。貧しい人も、資産家と同じようにして元手を増やせる特別な投資信託を設計すると述べたのである。

一九二九年の夏にラスコブが発表した計画は、かなり細部まで練り上げられてあった。同氏曰く、市場関係者、経済学者、評論家、大学教授、銀行家、組合指導者、実業家から創意工夫に富んだ一般人にいたる大勢の人と協議したという。それによれば、こうだ。株を買うためにまず会社を設立する。そして、貧しい労働者がたとえば二〇〇ドル持っているとしたら、それを会社に預ける。会社はその資金で株を買うが、このとき二〇〇ドルより多く、たとえば五〇〇ドル分の株を買う。差額の三〇〇ドルは、この目的のために設立した金融子会社から労働者が借り入れる。このとき担保として、買った株をすべて差し入れる。労働者は、月二五ドル程度ずつ返済すればよろしい。もちろん、株の値上がり益はそっくりこの労働者の懐に入る。そしてラスコブの見るところ、値上がりは確実だった。「二〇〇ドルあるいは五〇〇ドルしか持っていない貧乏人が今日買えるのは、戦時国債ぐらいしかない」として、ラスコブは既存の資産運用手段では不十分だと力説した。*

ラスコブ構想は、まるで新種の質量とエネルギーの法則が発表されたかのような反応を巻き起こした。ある新聞は「現世のユートピア」と持ち上げ、別の新聞は「ウォール街の偉人が生んだ最も偉大な構想」と称賛。この手の企画を見飽きている皮肉屋の評論家でさえ、「長らく待たされた末にこのほどウォール街から登場したのは、政治家でありながら投資手法に精通した傑物である」と述べている。**

もしもう少し時間があったら、ラスコブ案はきっと何らかの形で実行に移されていただろう。こうした頭のよい思いつきは何によらず当時大歓迎されたのであり、このことは、金融のプロの天才的頭脳に多くの人が喜んで資金をつぎ込んだ事実からも明らかである。

* The Literary Digest (June 1, 1929).
** 前掲書。

5

プロの手腕を素人投資家がどれほど信頼していたかを知る簡単な方法がある。会社型投資信託自体が発行した株や債券の市場価格と、ポートフォリオに組み入れられた株や債券の市場価格を比べてみればよい。すると、会社型投信が発行した証券の市場価格は、たいていの場合、組み入れ証券の市場価格を上回っていることがわかる。ときには二倍に達するケースもあった。これが意味するところは明白である。投資信託が持っている財産と言えば、保有する普通株や優先株や社債、抵当証券、公債、それに現金しかない（事務所も家具も持たず、出資元である親会社で運営されるケースが多かった）。にもかかわらず、保有証券をすべて市場で売り払っても、受取代金は会社自体が発行した株や債券の市場価格を下回る、それもときに大幅に下回る、ということだ。となればこの会社自体の株や債券は、保有資産をはるかに上回る価値を表していることになる。

保有資産を上回るこの価値こそ、プロの金融知識や技術や手腕を信頼して一般投資家が付けた価値にほかならない。手持ちの株を「市場価格で」評価すると言うとき、その株は市場によって一方的に値段を決められる存在とみなされている。だがその株が投資信託の持ち物であれば価値が一気に高まるのは、自ら市場に働きかけられるプロの天才的頭脳がそこに加わるからだ。この特別な才能があればこそ、証券価格を押し上げる戦略を生み出すことができる。資金プールやシンジケート団を募って価格を吊り上げることもできるし、同じようなことをしている手合いを見つけて便乗することもできる。要するに、金融の天才たちは何でも知っていた。彼らは、プリンストン大学のローレンス先生言うところの「企業の価値が世界最高の知性と十分な情報に基づいて判断される舞台」[*]の演出家だった。ラジオやJ・I・ケースやモンゴメリー・ウォードに直接投資しても、もちろん儲けることはできるだろう。だがそれよりも、特別な知識と知恵を備えた専門家に任せる方がずっと安全で賢いやり方ではないか……

一九二九年には投資信託は、自分たちの知識が評判になっていること、それが商売上たいへん大きな意味を持つことに気づいていた。そして評判を一層高める方策が次々に考え出され、専属のエコノミストの登用が一つの策として採用される。そして何カ月か過ぎる頃には、学界で評判が高く影響力のある経済学者はひっぱりだこになった。大学教授にとってはまさに黄金時代である。たとえば多数の投資信託を運営するアメリカン・ファウンダーズ・グループは、マネー・ドクターとして有名なプリンストン大学のエドウィン・W・ケマラー教授を役員

＊“Wall Street and Washington”, p.163。

に迎えたほか、スタッフ・エコノミストとしてやはり著名なルーファス・タッカー博士を招いている（その後の展開を見る限り、先生方に完璧な予測能力が備わっていたとは言い難い。同グループ傘下で最も大型の投資信託であるユナイテッド・ファウンダーズは、三五年末までに資産額が三億一三八万五五〇四ドル減少し、二九年に七五ドル以上あった株価は七五セント以下まで下落している）。*

もう一つの大手投資信託グループは、洞察力と先見性に定評あるデービッド・フライデー博士をミシガン大学から投資顧問に迎えた。一方ミシガン州のある投資信託は、大学教授三人から運用方針について助言を得ていた。イェール大学のアービング・フィッシャー教授、スタンフォード大学のジョゼフ・S・デービス教授、ミシガン大学のエドマンド・E・デイ教授という顔ぶれである。** この投資信託は、ポートフォリオだけでなく投資顧問も多様性が確保されている点を強調し、市場観がイェール、スタンフォード、ミシガンのどれかに偏る恐れはないと自慢した。

別の方法で自社の優越性を訴えたところもある。たとえばある投資信託は、一二〇の銘柄を組み入れているのだから「一二〇社の社長、経営陣、役員に備わった経営手腕の集合」を活用でき、しかも「これらの企業は大手銀行と密接な関係にある」ので、「アメリカ実業界が誇る優秀な頭脳を当社が総動員しているも同然」だといささか大胆な論理の飛躍をしている。論理に訴えるのがあまり得意ではない別の投資信託は、ただ簡潔に「投資はサイエンスであって、素人の手には負えない」と指摘した。***

一九二九年が半ばにさしかかろうとする頃には、優秀な頭脳だのサイエンスだのに頼って市場に参入する投資家がどんどん増えていることが明らかになった。こうなってくるとどうしても、よい投信と悪い投信を選別するという難問に答えを出さなければならない。中には悪い投信も存在することは、かろうじてではあるけれども、認識されていた。たとえばザ・アトランティック・マンスリー誌二九年三月号には、ポール・C・キャボットが、投資信託という新事業では不誠実、不注意、無能力、強欲が横行していると書いた。どれも由々しき欠陥である。キャボットはステート・ストリート・インベストメントという有望な投資信託の創設者にして役員であるから、十分な根拠あっての発言と考えてよい。****だが二九年にこのような警告が発せられても、多くの人は聞く耳を持たなかった。それに、警告が発せられることはごく希

* Bernard J. Reis "False Security" (New York: Equinox, 1937), p.117 ff., p.296。
** "Investment Trusts and Investment Companies", Pt. I, p.111。
*** 前掲書、Pt. I, p.61,62。
**** 前掲書、Pt. III, Chap. 1, p.53。

だった。

6

投資信託の魔法の力は、専門知識や市場を操作する手腕や天才的な頭脳のほかにもまだあった。それは、レバレッジである。一九二九年の夏頃には、投資信託と言えば必ずレバレッジで分類されるようになり、レバレッジが高い投信、低い投信、レバレッジを使わない投信、という具合に呼ばれた。

レバレッジとは、要はテコのことである。あの有名なテコの原理に従えば、支点から遠くでかけた小さな力は、作用点では大きな力になる。会社型投資信託の場合は、投資会社が普通株のほかに優先株、社債を発行して資金を調達し、それをほぼ全部普通株で運用することによって、レバレッジ効果が得られる。からくりは、こうだ。ポートフォリオに組み入れた株が値上がりする（当時は株というのは当然値上がりするものだった）。しかし予め利率や配当が決まっている社債や優先株は、普通株ほど大きく変動しない*。したがってポートフォリオの値上がりはほぼすべて、会社型投資信託自身の普通株に反映されることになる。つまり、テコの原理で勢いよく跳ね上がるというわけだ。

わかりやすくするために、具体例で説明しよう。一九二九年初めに資本金一億五〇〇〇万ドルで投資信託が設立されたとしよう。当時としてはまずまずの規模である。このとき、資本金の三分の一は社債で、三分の一は優先株で、残り三分の一は普通株で調達したとする。次に、いよいよ一億五〇〇〇万ドルを株に投資する。そして夏頃には、当時としてはごく平均的に、五〇%値上がりしたとしよう。すると、保有資産額は二億二五〇〇万ドルになる。一方、この会社型投資信託自体が発行した社債と優先株は一億ドルで変わらず、利息も配当も増えない。つまり万一この会社が倒産し清算という事態になったとき、社債と優先株の価値は一億ドルにしか査定されない。となれば、資産額の残り一億二五〇〇万ドルは、すべて会社が発行した普通株の価値を表すことになる。つまり五〇〇〇万ドルだった普通株は一億二五〇〇万ドルになったのだ。保有資産が全体として五〇%しか値上がりしていないにもかかわらず、この会社の普通株だけは一五〇%上昇した計算になる。

これがレバレッジの魔法である。だが話はまだ終わらない。はなばなしく上昇したこの投資会社の普通株を、同じようにレバレッジを効かせた別の会社型投資信託が組み入れたとしよ

＊ここでは、これらの証券がごく正統的なものであると仮定する。実際には当時の社債や優先株は、多種多様な株式転換条件や議決権条件の付いたものが発行されていた。

う。すると後の方の投資会社の普通株は、最初の会社のポートフォリオに組み入れられた株が五〇％上昇しただけで、七〇〇～八〇〇％値上がりする計算になる。そしてまたこの投資会社の株を別の投資信託が組み入れ、その投資会社の株をさらに別の……という具合に話は続く。この驚くべき幾何級数効果に一九二九年のウォール街は沸き返り、自動車の発明もかくやという熱狂ぶりを示した。猫も杓子も投資信託に資金を投じ、その投資信託は別の投資信託に、それがまた別の投資信託に投資する。しかも打ち出の小槌のようなレバレッジ効果のおかげで、連鎖の張本人にとってはほとんど元手がいらない。投資信託を一つ発足させ、その投資会社の普通株を持っていさえすれば、レバレッジによるキャピタル・ゲインによって、もう少し規模の大きい二つ目の投資信託を簡単に始めることができる。それがまたキャピタル・ゲインを膨らませてくれるから、さらに大きな三つ目の投資信託にとりかかれるという次第だった。

こんな具合にして、レバレッジ信奉者のハリソン・ウィリアムズなる人物は、一九二九年の時点で時価総額一〇億ドル近くに達したある巨大な投資信託と持株会社グループの糸を引いていた――少なくとも証券取引委員会（SEC）はそう考えていた。* この一大グループは、セントラル・ステーツ・エレクトリックというウィリアムズの小さな事業を起点に発展したもので、同社の時価総額は、二一年の時点ではわずか六〇〇万ドルだった。** あのアメリカン・ファウンダーズ・グループのめざましい成長の原動力となったのも、レバレッジである。グループの核となる投資信託第一号が誕生したのは二一年だが、発起人が破産したため、この企ては残念ながら失敗に終わる。ところが翌年に友人が五〇〇ドルを用立ててくれ、このささやかな資金で投信第二号を発足させることができた。かくて二つの投資信託が募集を始める。評判は上々で、やがて第三号も設立され、二七年には三つの投資信託が七〇〇〇万～八〇〇〇万ドル相当の証券を販売するようになった。***しかもこれはほんの手始めに過ぎず、翌二八年、さらに二九年にはファウンダーズ・グループの活動は爆発的に拡大する。株は飛ぶように売れ、さらに多くの株を売るために次々に新しい投資会社が設立されて、二九年末にはその数は一三に達した。

当時グループ最大規模を誇ったユナイテッド・ファウンダーズの資産総額は六億八六一六万

*その一部は、後述するとおり、ゴールドマン・サックスと共同保有していた。持株会社（事業会社または他の持株会社に出資し、その支配権を持つ）と投資信託または投資会社（投資はするが支配権は持たないとされる）の区別はあまりはっきりしていない。一連の持株会社がピラミッド構造を形成し、これに付随してレバレッジ効果が発生することも、当時特有の現象だった。

** "Investment Trusts and Investment Companies", Pt. III, Ch. 1, p.5, 6。

*** 前掲書、Pt. I, p.98-100。

五〇〇〇ドルで、グループ全体の資産は一〇億ドルをゆうに上回った。五〇〇ドルの元手でこれほどの資産を運用するにいたった例は、歴史上初めてだったにちがいない。ただし一〇億ドルのうち三億二〇〇〇万ドルほどは、グループ会社同士の持ち合いである。つまりグループ内のA社がグループ内のB社の証券を買うという近親相姦のようなことをやっていた。この方法でグループ会社が相互に支配され、レバレッジを享受し、持ち合いの連鎖が長々と延びた結果、二八年と二九年の株高は親会社の普通株の価格に倍々ゲームになって返ってきたのである。

ただしレバレッジは、のちに明らかになるように、両方向に働く。ファウンダーズ・グループが保有していた証券がすべて無限に上昇するはずはなく、不況に耐えられるわけでもない。数年後、同グループのポートフォリオには、クロイゲル・アンド・トールの株式五〇〇〇株、コロ・プロダクツの株式二万株、ユーゴスラビア王国の公債二九万五〇〇〇ドル相当が含まれていることが判明した。* クロイゲル・アンド・トールと言えば詐欺師まがいのスウェーデンのマッチ王クロイゲルが興した会社であり、一方コロ・プロダクツは、バナナ油から石鹸を製造するというはなはだ冒険的な新会社である。クロイゲル・アンド・トール株が急落し、ついにゼロに達するにいたるまでに、レバレッジも存分に効果を発揮した。幾何級数は、増えるときも減るときもめざましいのである。だがレバレッジのマイナス側の効果は、二九年初めの時点ではまだ秘められていた。いまは、歴史に残るこの年に生まれた投資会社の中で、最もはなばなしい存在に目を向けることにしよう。それは、ゴールドマン・サックスである。

7

ゴールドマン・サックスはそれまで企業相手の投資銀行業務と一般向けの証券仲介業務を手がけており、投資信託に参入したのは比較的遅かった。投資信託事業として手始めにゴールドマン・サックス・トレーディングを設立したのは一九二八年一二月四日だったから、大暴落までもう一年もない時期である。それでもゴールドマン・サックス・トレーディングとその子会社群は、わずか数カ月のうちに、前例のないような大発展を遂げたのだった。

ゴールドマン・サックス・トレーディングは、設立時に一〇〇万株を新規発行。それを親会社のゴールドマン・サックスが一株一〇〇ドル合計一億ドルですべて買い取り、九〇％を一〇四ドルで売り出している。まだレバレッジを知らなかったのか、全部普通株で、社債も優

＊Reis の前掲書、p.124。

先株も発行していない。ゴールドマン・サックス・トレーディングの支配権はゴールドマン・サックスが握っており、経営契約を結んで取締役会に役員を送り込んでいた。*

設立から二カ月後にゴールドマン・サックス・トレーディングは増資を行い、二月二一日には同業のファイナンシャル・アンド・インダストリアル・セキュリティーズと合併する。これで資産総額は二億三五〇〇万ドルになった。三カ月で倍以上になったわけである。当初一〇四ドルだった株価は、合併三週間前の二月二日の時点で一三六・五〇ドルに、そして五日後の二月七日には二二二・五〇ドルに達している。これは、ゴールドマン・サックス・トレーディングが保有する証券・現金その他の資産一切合切を合計した額の約二倍に相当した。

これほど株価が上がったのは、ゴールドマン・サックスの天才的頭脳に一般投資家が惚れ込んだからではない。ゴールドマン・サックスが自分で自分に惚れ込んだ結果である。要するにゴールドマン・サックス・トレーディングは、せっせと自社株を買いあさっていたのだ。三月一四日の時点で、同社は五七〇二万一九三六ドルを投じて自社株五六万七二四株を買っており、**これが株価を押し上げたに過ぎない。とは言えさしもの同社も、自社株ばかり買っていても将来はないと気づいたのだろう、三月には自社株買いを打ち切り、手持ちの一部をあの大物相場師ウィリアム・C・デュラントに売る。そしてデュラントの手で折を見て一般に売りさばかれていった。

　春から夏にかけて、ゴールドマン・サックスに目立った動きはなかった。しかしこの間に着々と準備が進められていたのであり、七月二六日には万端が整う。この日、ゴールドマン・サックス・トレーディングはハリソン・ウィリアムズと組んで、シェナンドー・コーポレーションを発足させた。二つの主要投信子会社のうちの第一号である。シェナンドーは、設立時に一億二五〇〇万ドル相当の証券を発行（数カ月後にも追加公募）し、応募は七倍に達したと言われる。このときまでにレバレッジの威力を十分理解していたゴールドマン・サックスは、普通株だけでなく優先株も発行した。普通株五〇〇万株のうち、二〇〇万株はゴールドマン・サックス・トレーディングが、二〇〇万株はウィリアムズ経営のセントラル・ステーツ・エレクトリックが買い取っている。シェナンドーの取締役会はごく少人数で構成され、ウィリアムズ、ゴールドマン・サックスから派遣された役員数名のほかに、ジョン・フォスター・ダレスというニューヨークの著名な弁護士も加わっていた。この件に関してダレスが見識を欠いていたのは、若気の至りというべきだろう。シェナンドー株の発行価格は一七・五〇ドルに設定さ

＊"Stock Exchange Practices", Hearings, April-June 1932, Pt. 2, p.566, 567。
＊＊ここに示した詳細は、"Investment Trusts and Investment Companies", Pt. III, Ch. 1, p.6 ff. and 17 ff. によった。

れ、新株市場では発行日決済取引で活発な商いがあった。一株三〇ドルから始まって、最高値は三六ドル、引け値もそのまま三六ドルで、当初価格を一八・五ドル上回っている（その年の終わりには八ドルちょっとまで下がり、最後は五〇セントになった）。

並行して、ゴールドマン・サックスははやくも第二の投資信託の準備を進めていた。小さな企業を提唱したトーマス・ジェファーソンの国に次に捧げられたのは、一段と規模の大きいブルー・リッジ・コーポレーションである。八月二〇日に、資本金一億四二〇〇万ドルで設立された。驚いたことに、出資したのはわずか二五日前に設立されたばかりのシェナンドーである。ブルー・リッジの取締役会メンバーはシェナンドーとそっくり同じで、若気の至りのダレス氏も加わっていた。そして普通株七二五万株（シェナンドーと同じく大量の優先株も発行された）のうち六二五万株はシェナンドーが買い取っている。いまやゴールドマン・サックスは、遅れを取り戻すべくレバレッジを効かせようとしていた。

ブルー・リッジで特徴的なのは、一般投資家に対し、「お持ちの一般銘柄をブルー・リッジの優先株と普通株に交換しましょう」と申し出たことである。たとえば電話会社ATTの株なら、一株に対してブルー・リッジの優先株と普通株それぞれ四株＋七一八分の七〇株受け取ることができる。この「特権」はアライド・ケミカル・アンド・ダイ、サンタ・フェ、イーストマン・コダック、ゼネラル・エレクトリック、ニュージャージー・スタンダード石油といった優良銘柄一五種類に適用され、大好評だった。

ブルー・リッジが誕生した八月二〇日は火曜日だったが、ゴールドマン・サックスにとってその週は多忙だった。木曜日には子会社のゴールドマン・サックス・トレーディングがパシフィック・アメリカン・アソシエーツの買収を発表。パシフィック・アメリカンは西海岸の投資信託で、小型の投資信託をすでに多数買収していたほか、カリフォルニア州全域に支店網を展開する大手商業銀行アメリカン・トラストの親会社でもあった。パシフィック・アメリカンの資本金は一億ドルほどである。買収に当たってゴールドマン・サックス・トレーディングは七一四〇万ドル相当の株式を発行し、これをパシフィック・アメリカンの持株会社（普通株の九九%を保有）であるアメリカン・カンパニーの株式と交換する方法をとった。*

一カ月足らずの間に二億五〇〇〇万ドル以上に相当する証券を発行したことになる。これでは財務省の注意を引くのは必定と考えたのか、ゴールドマン・サックスはその後いくらか鳴りを潜める。とは言え、その頃さかんに活動していたのはゴールドマン・サックスだけではな

*シェナンドー、ブルー・リッジおよびパシフィック・アメリカンの買収に関する詳細は、ニューヨーク・タイムズ紙ではなく、“Investment Trusts and Investment Companies”, Pt. III, Ch. 1, p.6 5-7 によった。

い。一九二九年の八月と九月には投資信託の新規設立や既存投信からの大規模な新規発行が毎日のようにあり、それがないと物足りなく感じられるほどだった。八月一日の新聞では、アングロ・アメリカン・シェアーズの設立が一斉に報じられた。同社は、会社設立がたやすいデラウェア州の法人にはめずらしく、なかなか凝った演出をしている。リスブルック侯爵を取締役会に迎えたのだ。侯爵はバス勲章とロイヤル・ビクトリア勲章を授けられ、空軍大佐であり空軍十字章を叙勲し、センピルの領主にして英国王立航空協会の会長でもあられる。同じ日にはアメリカン・インシュアランストックスも設立されたが、こちらの取締役会にはそこまで豪華なメンバーはいなかった。ウッドロー・ウィルソン大統領の女婿で上院議員のウィリアム・G・マカドゥーぐらいのものである。続く数日間で、グード・ウィンミル・トレーディング、ナショナル・リパブリック・インベストメント・トラスト、インサル・ユーティリティ・インベストメンツ、インターナショナル・キャリアーズ、トリコンチネンタル・アライド、ソルベイ・アメリカン・インベストメントが設立される。そして八月一三日の各紙は、司法次官補が投資サービス会社コスモポリタン・フィスカル・コーポレーションとフィナンシャル・カウンセラーの事務所に査察に入ったと報道した。どちらの事務所ももぬけの空で、フィナンシャル・カウンセラーの各室には、もぐりの酒場にあるようなのぞき穴が備わっていたという。

九月になると、八月を上回る勢いで投資信託各社の株や社債が発行され、総額は六億ドルを上回った[*]。それでも、この金融新時代が栄華を極めたのは、シェナンドーとブルー・リッジがほぼ同時に設立されたときだったと言える。この途方もない愚挙の中で披露されたあのたくましい想像力には驚くほかはない。あれは狂気の沙汰だったにはちがいないにしても、スケールが壮大であったことは認めねばなるまい。

数年後のある陰鬱な朝、ワシントンでは上院の委員会で次のようなやりとりがあった[**]。

カズンス上院議員――ゴールドマン・サックス社はゴールドマン・サックス・トレーディング社を設立しましたか。

サックス氏――はい、設立しました。

カズンス上院議員――そして、ゴールドマン・サックス・トレーディング社は株を一般に売り出しましたか。

＊E.H.H. Simmons "The Principal Causes of the Stock Market Crisis of Nineteen Twenty-Nine"（ニューヨーク証券取引所で一九三〇年一月に行った講演の記録）p.16。
＊＊"Stock Exchange Practices", Hearings, April-June 1932, Pt. 2, p.566, 567。

サックス氏――その一部です。ゴールドマン・サックスが当初、発行総額の一〇％に当たる一〇〇〇万ドルを出資しました。

カズンス上院議員――すると残り九〇％が一般に売られたのですね。

サックス氏――そのとおりです。

カズンス上院議員――いくらでですか。

サックス氏――一〇四ドルです。これは発行当初の価格です。その後、一対二の株式分割が行われました。

カズンス上院議員――それで現在の価格はどうなっていますか。

サックス氏――一・七五ドルというところです。

第4章

夢の終わり

The Twilight of Illusion

一九二九年のウォール街に夏休みはなかった。投資信託が続々と設立されるのと歩調をそろえて、市場は過去最高の活況を呈するようになる。株価は日々上昇し、下がる気配すらなかった。タイムズ平均は、六月に五二ドル、七月にさらに二五ドル上昇し、二カ月間の上昇幅は七七ドルに達する。ちなみに大好況だった二八年でさえ、一年間で八六・五ドルしか上昇していない。タイムズ平均は八月にはまた三三ドル上昇し、五月末時点の三三九ドルから八月末には四四九ドルへ、三カ月で一一〇ドルの大幅上昇を記録した。これはつまり、夏の間だけで株価はおしなべて二五%ほども上がったことを意味する。

どの銘柄も大幅に伸びた。六月から八月までの三カ月間で、重電のウェスティングハウスは一五一ドルから二五六ドルへ一三五ドル上昇。GEは二六八ドルから五九一ドルへ、USスチールは一六五ドルから二五八ドルへ値上がりした。ATTのように手堅い銘柄でさえ、二〇九ドルから三〇三ドルまで上昇している。投資信託も快調で、ユナイテッド・ファウンダーズは売出価格三六ドルから始まって六八ドルへ、アレガニーは三三ドルから五六ドルへ値を上げた。

市場は連日大商いである。ニューヨーク証券取引所の出来高はほぼ四〇〇〜五〇〇万株の間で推移し、平日に三〇〇万株を下回ることはめったになかった。ただしこの頃にはニューヨーク証取の出来高は、取引の実態を適切に表す指標とは言えなくなっていた。というのも、シェナンドー、ブルー・リッジ、ペンロード、インサル・ユーティリティーズといった大人気の新規発行の多くは、ニューヨーク証取には上場されなかったからである。その頃のニューヨーク証取はもはや高飛車ではなかったし、うるさく情報開示を求めるとか、ひどく排他的であるということもなく、申請さえすればたいていの企業が上場を認められた。それでも、証取から参考までに求められる基本的な情報すら出さない方が賢明だと判断する企業があったし、その方が都合がいいと考える企業はもっと多かったのである。こうした次第で、新規公開企業の多くがカーブ取引所か、ボストンなど地方の証取で上場した。このため、ニューヨーク証取の取引規模は依然として他の取引所全部を合わせたよりも大きくはあったけれども、その相対的な地位は低下する（一九二九年のニューヨーク証取の取引高は全米取引高の六一％程度だったと推定されるが、三年後、すなわち新種の投資信託軍団がすべて姿を消したときには、七六％に拡大した）。[*] その結果二九年の夏は、いつもなら半分眠ったようなボストン、サンフランシスコ、さらにはシンシナティの市場ですら、活況に沸いた。ニューヨークのほんのまねごとだったような市場が、突如として独自の特色と独自の値動きを示すようになる。ニューヨークでは売られていない株が売られ、その一部が投機の対象になったからだった。この年にはよほど貧乏か市民の声に無頓着でない限り、どんな地方都市でも一度は証券取引所の誘致を検討したものである。

株価が上がっただけでなく、投機の規模もめざましい勢いで拡大した。夏の間だけでブローカーズ・ローンは月四億ドルのペースで増え、夏の終わりには総額七〇億ドル以上に達している。貸し出された資金の半分以上は、国内外を問わず企業か個人が出し手だった。金利の高いニューヨークのコールローン市場で一儲けしようという連中である。なにしろこの年の

＊データは"Stock Exchange Practices", Report (Washington, 1934), p.8によった。

夏、コールローン金利が六％を下回ることはめったになかった。平均的に七～一二％で推移し、一時は一五％になったこともある。すでに述べたように、コールローン市場は安全で流動性も高く面倒な手続きもいらない。加えてこの金利となれば、インドの高利貸しでも貸したくなっただろう。事態を不安視する人の目には、ウォール街が世界中の資金を吸い上げつつあるように映ったものである。だが時代の空気には逆らえない。賢明で責任ある新聞や知識人は、ブローカーズ・ローンの増加を批判せずに、増加傾向を重大視する人々の方に矛先を向けた。不幸を予言する者はきらわれる。

2

ブローカーズ・ローンについては、二種類の資料がある。一つはニューヨーク証取が毎月発表するもので、本書では主にこちらを使った。もう一つは連邦準備理事会（ＦＲＢ）が毎週発表するもので、いくらか正確性に欠けるうらみがある。ＦＲＢの資料は毎週金曜日に発表され、そのたびにブローカーズ・ローンの大幅な増加が明らかになった。そこで、増えたからといって何も心配はいらないと強調し、疑義を差し挟む人がいれば手厳しく批判することが金曜日の儀式になる。どうやらブローカーズ・ローンの規模を信用取引すなわち投機の規模と関連づけて考える人は、市場ではごくわずかしかいなかったらしい。だからブローカーズ・ローンに懸念を表明すると、謂われもなく不安を煽る行為として非難されることになった。たとえば七月八日付けのバロンズ誌では、シェルドン・S・ウェルズが、市場の現実に疎い人がブローカーズ・ローンを不安視し企業から市場への資金流入を問題にするのだと主張している。ウェルズによれば、いまやコール市場は企業が内部留保を運用する格好の場となったのであり、むやみに不安がる連中はこの変化を理解していないという。

日頃は冷静なナショナル・シティ・バンク会長のチャールズ・E・ミッチェルも、ブローカーズ・ローンがとかく話題にされることについてたびたび怒りをあらわにした。これは金融専門の新聞や雑誌も同じだった。秋に入ってジャーナリストのアーサー・ブリスベーンが「一〇%のコールレートは妥当か」と疑問を呈したとき、ウォールストリート・ジャーナル紙は堪忍袋の緒を切らす。「たとえ一般紙でも、何かを論じるときにはよく調べてからやるものだ。こうも無知な輩がウォール街について発言するとはどういうわけか[*]」。確かに、どうやらこのときブリスベーンは年利を日歩と取り違えていたらしい。

＊The Wall Street Journal (September 19, 1929).

学者も黙ってはいなかった。軽々しく悲観論を披瀝して好景気に水を差すのは、たとえそういうつもりがなくてもけしからぬというわけである。オハイオ大学のチャールズ・A・ダイス教授は、状況を子細に検討したうえで、ブローカーズ・ローンの拡大は「一部でしきりに言われるほど懸念するには当たらない」と述べた。*八月にはクリーブランドのミッドランド銀行が、数字入りで見解を表明。企業から株式市場に貸し出される資金が一二〇億ドルに達するまでは心配は無用だと、計算結果を公表した。**

だがブローカーズ・ローンを巡る懸念を打ち消すのに最大の貢献をしたのは、何と言っても市場の展望である。株価が高水準を維持し、さらに上昇するならば、そして株価の上昇が企業本体の収益見通しに裏付けられているならば、ローン残高が増えてもなにも心配するにはおよばない。つまり株取引の借金を是認する説は、多分に株価水準そのものを容認することで成り立っていた。そして市場は健全だと投資家を納得させるのは、さほどむずかしいことではない。こういう時期の常として、投資家が望むのは、うるさい懐疑の声を黙らせ大丈夫だと何度も言ってもらうことだけだったからである。

それでもまだこの時点では悲観論者が反逆者呼ばわりされることはなく、懸念を表明しても、アメリカ人の人生の楽しみをぶち壊しにするとまではみなされなかった。ただし、そういう意味合いが込められていたことは確かである。だから当時懸念を表明した人の大半は、じつは身の危険を感じていたとあとになって告白したものだ。実際、秋になるとボストンのある投資顧問会社が「アメリカには破壊工作者を受け入れる余地はない」と激しい調子で警告を発し、以後この言葉がさかんに使われるようになった。

公の立場で楽観論を唱える人はいくらでもいたし、その発言は明快至極だった。六月にはマーケットの魔術師にして歴代大統領の経済顧問を務めたバーナード・バルークが、広告界の重鎮ブルース・バートンと対談。[***]アメリカン・マガジン誌に掲載されたこの有名な対談の中で、バルークは「世界の経済は大きな前進運動の波に乗ろうとしているように思われる」と語った。弱気でいたら五番街に店は持てないというのがバルークの持論である。大学の教授連は、科学的根拠に基づく自信を示した。その後の展開を考えると、名門大学の先生方はうかつだったと言わざるを得ない。たとえばプリンストン大学のローレンスは、あまり注目はされなかったが、「証券取引所と呼ばれるあのすばらしい仕組みでは、何百万の投資家の評価が株価

*"New Levels in the Stock Market", p.183。
** New York Times (August 2, 1929)。
*** The American Magazine (June 1929)。

に反映されている。この人々の一致した判断によれば、現在の株価は行き過ぎではない」と指摘。さらに「聡明なこの数百万の判断を否定する資格を備えた全知全能の人間が、どこにいるというのだろうか」と付け加えている。*

そして秋にはイェール大学のアービング・フィッシャー教授が有名な予言を行う。「株価は、恒久的に続く高原状態《プラトー》に達した」と述べたのだ。フィッシャー教授はアメリカ経済学界が誇る非凡な研究者である。教授には物価指数、資本理論、投資理論など膨大な業績があり、こちらの方で後世に記憶されることになったのは、まことに幸いであった。

大教授に比べると、ハーバード経済学会の発言はだいぶ控えめだった。この会は保守主義の経済学教授が集まって作った非公式の組織で、実業家や投資家の参考になるよう経済予測を行うことが目的である。予測は毎月数回発表され、ハーバードという名前の威力もあって、大いに信頼を勝ち得ていた。

ほんとうに賢明だったのか単なる幸運か、ハーバード経済学会は一九二九年の前半はやや悲観的な見方に終始する。予想を担当した教授が、もう景気が後退局面（ただし不況ではない）に入ってもおかしくないとの結論にいたっていたからだ。来る週も来る週も、会は景気の小幅の落ち込みを予測した。だが二九年夏になっても、一向に景気後退は起こらない。少なくとも目に見える形では発生しなかった。とうとう経済学会は降参し、自分たちの見方は間違っていたと認める。結局のところ景気は悪くならないのかもしれない……。状況から判断するに、ここまでなら十分に立派だったと言えよう。ところがそこで大暴落が起きる。それでも経済学会は、深刻な不況にはいたらないと言い続けた。一一月には、「一九二〇～二一年のような深刻な不況が起きる確率は無視できる程度に過ぎない。企業の破綻が相次ぎ、それが長引くような事態は考えなくてよい」と断言した。そしてこの見方を、会自体が破綻するまで持ち続けたのである。

3

銀行も、ブームが永遠に続くと信じたがっている人にとって心強い味方となった。銀行は常々慎重論と悲観論の権化だったのだが、少なからぬ銀行がその立場を放棄し、束の間の楽観論者になり切っていた。これには理由がある。数年ほど前から商業銀行の多くは証券子会社を設立しており、この事業の比重が次第に高まっていたのだ。ニューヨークの大手行も例外ではな

＊"Wall Street and Washington", p.179。これらの発言はのちにニューヨーク・タイムズ紙の社説で引用され、そこからまた広く引用されるようになった。

かった。そして株や債券を個人向けに販売するこの事業は、未来はバラ色だとお客様に納得してもらわなければ成り立たない。そのうえ銀行家自身も、ナショナル・シティ・バンクやチェース・ナショナル・バンクの経営陣をお手本にしたのだろう、自己勘定で投機に手を出していた。だから市場を動揺させるようなことを言うはずはなかったし、そうした発言を支持するわけもなかった。

だが、誰もがそうだったのではない。インターナショナル・アクセプタンス・バンクのポール・M・ウォーバーグは例外の一人だった。この著名な銀行家の予言は、アービング・フィッシャー教授の予言と同じぐらい有名になってしかるべきだろう。一九二九年三月にウォーバーグが行った予言は驚くほど正しかった。FRBはもっと強力な政策をとるべきであり、現在のような「無節操な投機」の狂乱を直ちに終わらせないといずれ災厄が起きることはまちがいない。それで損害を被るのは投機筋だけではない、「国全体を巻き込む大不況が起きかねない」と予言したのである。*

ウォール街は猛反発する。ウォーバーグを時代遅れと切り捨てるだけで満足したのは、市場関係者の中でも鷹揚な方だった。「アメリカの繁栄をぶちこわす発言」だと息巻く者もいれば、ウォーバーグは空売りをしているからあんなことを言うのだと邪推する向きもあった。市場がぐんぐん上がり続けると、ウォーバーグの警告は軽蔑されるだけになった。**

懐疑論を唱えてウォーバーグより注目度が高かったのは、やはり新聞である。ただし言うまでもなく、それはごく少数派だった。あの年にはほとんどの新聞や雑誌は上げ相場を大いにもてはやし、警戒的な論調などほとんど見当たらなかった。現在も未来も繁栄は続くと信じ込んでいたのである。いや、それどころではない。新聞記者は、かつては甘い誘いに乗りやすいと言われていたが、この頃にはその手には乗らなくなった代わり、市場に好都合な記事を書く見返りに現金を要求した。たとえばデイリー・ニューズ紙に「ザ・トレーダー」という筆名で書いていたあるコラムニストは、ジョン・J・リベンソンという相場師から、二九年と三〇年初めに一万九〇〇〇ドルを受け取ったという。ザ・トレーダー氏はリベンソンが関与する銘柄に好意的な記事をたびたび書いたが、リベンソンはあとになってから、あれはただの偶然だと主張している。一万九〇〇〇ドルを渡したのは、持ち前の太っ腹の表れだそうだ。***ウィリアム・J・マクマホンというラジオ解説者も同類である。この人物は、自分一人でやっているも

* The Commercial and Financial Chronicle（March 9, 1929）, p.1444。
** Alexander Dana Noyes "The Market Place"（Boston: Little, Brown, 1938）, p.324。
*** "Stock Exchange Practices", Hearings, April-June 1932, Pt. 2, p.601 ff。

同然のマクマホン経済研究所の所長を名乗っていた。マクマホンは自分の番組で有望な株を紹介したが、それらはどれも仕手筋が値を吊り上げようとしている銘柄だった。のちにわかったのだが、その謝礼として毎週二五〇ドルをデービッド・M・ライオンなる人物から受け取っていたのである。* 当時は、必要に応じて都合のいい発言を買い取ることを商売にする輩がおり、ライオンはその一人だったと上院銀行通貨委員会は報告している。

この手の輩や大方の新聞雑誌の対極に位置していたのが、良質の金融専門誌や新聞である。金融情報サービスのプアーズや、スタンダード・スタティスティックスの金融サービス部門（両者が合併して現在のスタンダード・アンド・プアーズになった）のようなしっかりしたところは、事態を決して見誤らなかった。秋に発行されたプアーズのウィークリー・レターは、「株を巡る妄想」とまで断じている。** またコマーシャル・アンド・ファイナンシャル・クロニクル紙の編集長も株式市場は常軌を逸していると見ており、それを頑として翻さなかった。同紙は毎週ブローカーズ・ローン残高を報じたが、そのたびに警鐘を鳴らし、ニュース欄には悪い材料を書き立てたものである。だがそれ以上に事態を重大視していた媒体、それも大きな影響力を持つ媒体があった。ニューヨーク・タイムズ紙である。経験豊富な編集主任アレクサンダー・D・ノイズの下、同紙の金融面は、新時代の到来を謳歌する声に断固として耳を貸さなかった。定期購読者はきっと、最後の日は近いのだと思ったことだろう。じつは同紙は時期尚早にも、最後の日は来たと報道してしまったことが何度もあった。

夢物語を拒絶し続けた彼ら少数派にとって、大暴落前に何度かあった一時的な急落は苦しい試練となる。株価は一九二八年の初頭、六月、一二月、二九年の二月と三月に落ち込み、もはや終わりかと思わせた。そのたびにニューヨーク・タイムズ紙は喜ばしげに、いまこそ夢から覚めよと書き立てた。だがそうこうするうちに市場は再び上げに転じてしまう。度重なる失望にも持ちこたえられたのは、揺るぎない信念を持つ人だけだった。楽観論者はやがて名誉失墜という報いを受けることになるのだが、楽観論に抵抗した人たちも長らく不遇だったことを忘れてはいけない。いよいよほんとうに大暴落が起きたとき、ニューヨーク・タイムズ紙が欣喜雀躍したと言ったら言い過ぎであろう。だが同紙の論調が悲痛でなかったことはまちがいない。

＊前掲書、p.676 ff。
＊＊Weekly Business and Investment Letter からアレンが “Only Yesterday” p.322 で引用したものによった。

4

一九二九年の夏には、市場は報道を独占しただけでなく、文化まで独占するにいたった。いつもなら聖トマス・アクイナスだのプルーストだの精神分析だのに関心を抱いている文化人まで、ユナイテッド・コーポレーションやユナイテッド・ファウンダーズやUSスチールについて語り始めたのだ。市場に無関心を貫き精神療法や共産主義思想に没頭し続けるのは、よほどの変人だけだった。株の売買について物知りぶって話す人というのは昔からそこらにいたものだが、そういう人がいまや予言者扱いされるようになった。ニューヨークでは、証券仲買人や投資顧問が突如としてひっぱりだこになる。もともとこの都会では、ちょっとした有名人の集まりにはいくらか品の良さそうな市場関係者を招くのが長年の習わしだった。その時々の投機的な動きや買収合併の企てに通じ、何がうまみのある投資先かよく知っていて投資の相談に親切に応じ、市場のことなら何でも教えましょうと請け合って座を盛り上げてくれる。そういう連中が、芸術家や劇作家や詩人の集まりでも、資産家の愛人の間でも、大人気になったのである。彼らが話すことは文字通り金言になった。人々は、気の利いた警句でもあればメモしようかなどというい加減な動機からではなく、金儲けの手がかりを掴もうという真剣な面持ちで話に聞き入った。

もっとも市場についてあちこちで話されることの大部分は、昔もいまも往々にして実態とはかけ離れているものだから、よく気をつけなければいけない。そもそも人間は知っていることばかり話すのでもなければ、知らないことばかり話すのでもなく、知っているつもりだがじつは知らないことを話すことが多い。市場の話は、まさにその典型だった。たとえばどこか田舎の町で開かれた昼食会で物知りの医者が、間近に迫ったウェスタン・ユーティリティ・インベスターズの株式分割とそれが株価におよぼす影響について話したとしよう。このとき、なぜウェスタン・ユーティリティ・インベスターズは株式分割をするのか、株式分割をすると株価が上がるのはなぜか、いやそもそもこの会社にはどんな価値があるのかさえ、先生も聴衆も知らないし、知らないということをどちらも知らない。知恵というのはそんなもので、事実や現実に基づいているのではなく、誰々がどこでどう言ったということの受け売りなのだ。

自分の無知をわかっていない点では、女性投資家がとくに甚だしかったと言えるかもしれない。この頃には女性がさかんに株を買ったり売ったりするようになっていた。たとえばノース・アメリカン・レビュー誌四月号には、「男が最高に夢中になる資本主義ゲーム」でいまや女性は重要なプレーヤーになり、現代の主婦は「生きのいい魚が入荷したというニュースを読むように、ライト・エアロノーティックの株が上がったというニュースを読む」と書かれている。記事の書き手によれば、投機で成功すれば女性の地位は上がるかもしれないという。ごくふつうの女性投資家は、USスチールという名前を聞いても企業名だとは思わない。鉱山も船も鉄道も思い浮かべないし、高炉も平炉も連想しないだろう。女性投資家にとってUSスチールとはテープに打ち出されるティッカー・シンボルであり、チャートに描かれる線であり、上がり続ける株価そのものなのだ。女性たちはまるで古い友達のように親しみを込めてUSスチールのことを話すが、その実この企業のことは何も知らない。そして誰も、あなたは自分が何も知らないことをわかっていないなどとは言わない。アメリカの男は礼儀正しく慎み深く、不愉快なことは避けようとするし、どのみちそんなことを言ったところで、軽蔑されるのがおちだろう。この男ときたら、簡単に金儲けできる方法があるのに、それを試す勇気も決断力も知恵も持ち合わせていないのね、というわけだ。市場に乗り込もうという女性は、金持ちになれることをもう知っている。確かに誰でも金持ちになる権利はあるのだから、女性がなっていけないはずはない。

何かをするときの動機は男でも女でもさして変わらないものだが、男ほど念入りに表面を取り繕おうとしないのは女性の実際的なところと言えよう。

金儲け一色に染まった社会では、価値観がどこかしら狂ってくる。一九二九年の夏にニューヨーク・タイムズ紙は、水道持株会社ナショナル・ウォーターワークスの証券を扱うあるディーラーの広告原稿を受け付けた。ナショナル・ウォーターワークスは、各地の水道会社の買収を目的として設立された企業である。この広告は次のようなものだった。「たとえば大災害が起きて、ニューヨークのような大都会で小さな井戸が一つだけ残されたと考えてみてください。そこから汲み上げるバケツいっぱいの水は、一ドル、一〇〇ドル、一〇〇〇ドル、いや一〇〇万ドルの値打ちがあるでしょう。この井戸を持っていれば、ニューヨークの富をすべて持つことになるのです」。要するにこういうことだ。大災害が気になるなら、いますぐ水道株を買いなさい……。

5

一九二九年の夏、株式市場がアメリカ人の生活の中で磁石のような存在だったことは疑う余地がない。猫も杓子も株式市場に吸い寄せられた。フレデリック・ルイス・アレンの名著『オンリー・イエスタデイ』には、職業も立場もさまざまな人が市場に参加する様子が巧みに描き出されている。

「金持ちのお抱え運転手は、後部座席の会話に耳をそばだてる。ベツレヘム・スチールの最新の情報を知りたいのだ。なにしろ二〇%の保証金を積んで五〇株ほど持っているのだから。証券会社の窓ふきは、電信端末がカタカタ打ち始めると手を休めて速報に見入る。働いて貯めた金でサイモンズの株を買おうかと思案しているからだ。当時の信頼できる市場記者で、自分でも相当株をやったにちがいないエドウィン・ルフェーブルによれば、ある仲買人のボーイは株取引で二五万ドル近く儲け、ある看護婦は患者から教えてもらった内々の情報のおかげで三万ドル手にしたという。そしてワイオミングの牧場主は、いちばん近い鉄道の駅から三〇マイルも離れたところに住んでいるというのに、毎日一〇〇〇株も売ったり買ったりしているそうな*」

とはいえ一般の人々の市場に対する関心は、いくらか誇張されているきらいがある。一九二九年には誰もが「株に手を出していた」とよく言われるが、これは事実にはほど遠い。当時は、いやいまもだが、労働者や農民や事務員の大半にとって、つまりはアメリカ人の大半にとって、株式市場は手の届かないところにある薄気味悪い場所だった。それに、どうやって株を買うのか知っている人はそう多くはなく、まして信用買いをするなどという行為は、モンテカルロのカジノで賭けるのと同じぐらい無縁のことだったのである。

後年、上院のある委員会が証券市場について調査し、一九二九年に株投機に関与した人の数を突き止めようとしたことがある。当時アメリカには二九の取引所があり、会員証券会社は顧客数を記録しているが、それによると一五四万八七〇七人だという（うち一三七万一九二〇人はニューヨーク証取会員の顧客である）。つまり当時一億二〇〇〇万あったアメリカの全人口（世帯数で言えば二九〇〇万から三〇〇〇万世帯）のうち、さかんに株取引をしていたのは一五〇万人強に過ぎない。しかも、全員が投機をしていたわけではない。証券会社が委員会に提出した数字によれば、信用取引をしていたのは六〇万人程度だというから、残り九五万人は現金取引だったことになる。

そのうえ、信用取引をしていた六〇万人という数字にはいくらか重複が含まれている。なぜなら、大口投機家は複数の証券会社と取引があったからだ。また六〇万の中には、信用取引をしていると言ってもほんの少額にとどまっている人もいたはずだ。ただし逆に、現金取引の九五万人の中にも投機家は含まれている。現金決済はしても投機をやっていたり、証券会社以外から株券を担保に金を借りていたり、という具合である。こうした人たちは、記録上は現金取引に分類されていても、実際には信用取引をしていたことになる。しかし全体としてみれ

＊"Only Yesterday", p.315.

ば、一九二九年のピーク時にさかんに投機をしていた人の数は一〇〇万人以下であり、おそらくは一〇〇万を大きく下回っていたと言ってまちがいあるまい。二八年末から二九年七月末にかけて、アメリカ人はレミングよろしく株式市場に押し寄せたとされているが、信用取引をする顧客の数は、国内の取引所全部を合わせても五万強ほど増えたに過ぎない。* 二九年の株投機で目を引くのは、手を出した人の数ではない。アメリカ人の生活が株式市場を中心に回り始めたということである。

6

一九二九年の夏が終わる頃には、証券会社は過ぎたこと、つまりその日にどの銘柄がいくら値上がりしたかを伝えるだけでは物足りなくなったらしい。これから起きること、たとえば二時にラジオあるいはGMに「仕掛けが入る」といった類のことを伝えるようになる。** 何でも知っている正体不明の男たちが暗躍し市場を動かすようになったのだ、と誰もが信じ込んでいた。確かにこの時期は、資金プールだのシンジケート団だの、要するに株価の操作が横行していたことはまちがいない。二九年にはニューヨーク証券取引所で一〇〇銘柄以上が操作の標的にされたが、これには証取の会員証券会社まで加担していた。操作のやり方はさまざまだが、ごく一般的な方法としては、意図的にある銘柄の値を吊り上げる目的で何人かが集まって資金をプールする。プール・マネジャーを決め、参加者は勝手な売り買いをやって抜け駆けをしてはいけないことを取り決める。足元が固まったところでマネジャーは買い注文を出し始め、参加者の保有株があればそれも加えて買い持ちを増やしていく。大口の買いを入れるのだから株価はぐんぐん上がり、速報に見入っている国中の人々が関心を持ち始める。売買が活発になるにつれ皆ますます興奮し、何か大きなことが起こりつつあるという予感が膨らむ。株式新聞の類も、市場の評論家も、おもしろい展開になってきたと煽る。万事がうまくいけば、個人投資家が買い始めるだろう。こうなれば放っておいても株価は上がる。そこでマネジャーは売り抜くのである。利益の何割かを自分でとり、残りを仲間が山分けにするという仕組みだった。***

うまくいっている間は、これほど具合のいい金儲けの方法はない。世間もこうした展開に興奮した。夏も盛りになる頃には、いささか大げさに言うなら、ウォール街はこの手の操作一色に染まったのではないかと思えるほどだった。少なくとも、これで個人投資家の熱が冷めな

* "Stock Exchange Practices", Report (Washington, 1934), p.9, 10。
** Noyes の前掲書、p.328。
*** "Stock Exchange Practices", Report (Washington, 1934), p.30 ff。

かったことは確かである。みな自分たちがカモにされているとは思っていなかったし、実際にも餌食になってはいなかった。素人も仕掛人もどちらも儲けていたのであって、後者の方が儲けが多かったに過ぎない。何か企みがあるなら自分も内部情報を手に入れ、あわよくばおこぼれに与ってカッテンやリバモアやラスコブのように一儲けしたいというのが、いわゆる仕手戦に対する一般投資家の反応だった。

かくて株価は企業の長期的な将来性のバロメーターとは言えなくなり、人為的な操作の結果が色濃く反映されるようになる。こうなると、投機に手を出すなら株価を始終チェックしなければならない。と言うより、株価から目を離すべきではなかった。何かが仕掛けられる徴候をできるだけ早く突き止めるためには、端末が打ち出すテープをずっと見張っていなければならない。玄人筋の狙いなどどうでもよい、自分は自分の勘や信念に従うのだという人でさえ、市場の動きを知らずにいるのは落ち着かなかった。片手間に投機をやって平気な人は滅多におらず、ほとんどの人は虎の子の資金の行方が気になって仕方がなかった。南海泡沫事件のときには、「政治家は政治を忘れ、弁護士は裁判を忘れ、貿易商は貿易を、医者は患者を、店主は店を、借り手は貸し手を、牧師は説教を、そしてご婦人でさえ見栄やうぬぼれを忘れる」と言われたものである*。一九二九年もまさにそうだった。「株の仲買人の事務所には、朝の一〇時から夕方の三時までお客が詰めかけた。自分の仕事を放り出して、黒板に書き出される株価を見に来るのだ。椅子が足りずに立っている人もいた。よく見える場所にはなかなか近づくこともできない。端末から打ち出されるテープそのものを自分の目で確かめることなど誰にもできなかった」**

事態がこうなってくると、ほんの短時間でも市場から途絶されるのは耐えられない。幸いにも、そうした事態はさほど頻繁には起きなかった。株価速報サービスは全国に拡がっていたし、どんな田舎からでも電話一本で最新の株価情報を入手できたからだ。しかし残念ながら、ヨーロッパに行くということになれば話が別である。リテラリー・ダイジェスト誌が一九二九年夏号で指摘したとおり、「証券取引は海を越えて発展している。だが洋上にいる間、投機家は不安と不便に悩まされることになる」***。しかし八月には、この不安と不便も解消されることになった。取引所の特例措置により、新しもの好きの証券会社が大型客船に支店を出したのである。この会社の経営者は、M・J・ミーハンだった。ラジオ株をターゲットに数々

＊Viscount Erleigh "The South Sea Bubble" (New York: Putnam, 1933), p.11。
＊＊Noyes の前掲書、p.328。
＊＊＊The Literary Digest (August 31, 1929)。

の仕手戦を仕掛けてきた老獪な相場師である。かくして、洋上取引の設備を整えたリバイアサン号とイル・ド・フランス号が八月一七日に出港する。イル・ド・フランス号での取引初日は活発だったとの記録が残っている。そのうちの一件は、アービング・バーリンによるもので、パラマウント・フェーマス・ラスキー一〇〇株を七二ドルで売った（これは賢明だった。のちにこの株は紙屑同然となり、会社は倒産している）。

ワシントン州スポケーンで発行されるスポークスマン・レビュー誌では、編集部のある詩人が洋上支店の開設祝いにこんな詩を書いている。

船客は詰めかけて
表示板の数字を見守った
真夜中の海の上
荒れ狂う波の音

「おしまいだ」と叫びながら
船長が階段をよろめき下りてくる

「情報が入った」とささやき声で
「デュラントのいとこの親戚の
そのまた叔母さんが内々に
無線で教えてくれたんだ」

悪い知らせに一同言葉を失い
強気の男も青ざめる
「追い証をよこせ」と仲買人の声
電信機はぱたりと動きを止める

そこへ船長の娘があどけなく
「ああら変なの、あるんでしょ、
陸の上と同じように
海の上にもモルガンが*」

＊The Literary Digest（August 31, 1929）に引用されたものによった。

7

九月初めにレイバー・デイ（労働の日）が来て、アメリカの夏はいつも通り九月二日に終わった。ひどい熱波に襲われた日である。ニューヨーク周辺では帰宅を急ぐ車が何マイルも数珠つなぎになり、とうとう大勢が車を乗り捨て電車で家に向かうという騒ぎになった。九月三日も猛暑が続く。気象台はその年　番の暑さだと報じた。

夏の終わりの平穏な時期であり、九月三日もその一日に過ぎなかった――ウォール街を別にすれば。数年後にF・L・アレンがその日の新聞を調べ、記事の見出しを洒脱な一節にまとめている。* たいしてニュースはなかった。軍縮交渉は例によって例のごとくいつまで経っても終わらない。そうこうしている間に地球上の人間は皆殺しにされるだろう。飛行船グラーフ・ツェッペリン号の初の世界一周飛行は終わりに近づこうとしている。トランスコンチネンタル航空の三発機が雷雨に巻き込まれて墜落し、八人が死亡した（これは、同社が最近開始したばかりの西海岸行き四八時間サービスの一部だった。オハイオ州コロンバスまで寝台列車、そこからオクラホマ州ウェイノーカまで飛行機、またニューメキシコ州クロービスまで寝台列車、そのあとは飛行機を使う）。ベーブ・ルースがシーズン四〇本目のホームランを打った。ベストセラーのランキングでは『西部戦線異状なし』がトップを維持し、二位の『孔雀夫人』に大差を保っている。ご婦人のドレスは、いつのまにか胸を強調しないフラットなデザインになってきた。ワシントン発のニュースによると、シンクレア石油の経営者ハリー・F・シンクレアの禁固刑を厳格化するとのことである。シンクレアは大々的な汚職事件となったティーポット・ドーム事件の取調中に上院を侮辱したかどでコロンビア特別区刑務所に収監されていたが、それまでは毎日車で刑務所に通い、刑務所医の診療室で「調剤助手」を務めていたのだとか。刑務所送りになる前のシンクレアの株取引は膨大な規模に達していたが、そちらものちに綿密な調査の対象となった。刑務所暮らしが株取引に支障を来したかどうかはわかっていない。金にも手づるにも事欠かず打たれ強いことにかけては当代一流のシンクレア氏のことだから、まずそんなことはあるまい。

九月三日のニューヨーク証取の出来高は、四四三万八九一〇株だった。コールローン金利は終日九%。コマーシャル・ペーパーの最優遇金利は六・五%、ニューヨーク連銀の公定歩合は六%。市場は堅調で、関係者はしっかりした地合いだと語った。

個別銘柄では、ATTが三〇四ドル、USスチールが二六二ドル、GEが三九六ドル、

＊"One Day in History", Harper's Magazine (November 1937)。

J・I・ケースが三五〇ドル、ニューヨーク・セントラルが二五六ドル。ラジオは、株式分割後の調整が入り、まだ配当を出していないこともあって五〇五ドルだった。FRB発表のブローカーズ・ローン残高は一週間で一億三七〇〇万ドルと大幅増を示す。ニューヨークの市中銀行も投機を続けるために連銀から大量に借り入れており、こちらは一週間で六四〇〇万ドルの増加を記録している。国外からアメリカへの金（ゴールド）の流入は、八月も引き続き大量だった。何はともあれ九月は上々の滑り出しのように見えたし、いくつかの統計からも景気信頼感は揺らいでいないように見受けられた。

それでも衆目の一致するところ、九月三日をもって、一九二〇年代の華やかなりし強気相場は永久に終わりを告げたのである。経済というものは、毎度のことながら、はっきりしたターニング・ポイントを示してはくれない。きっかけとなる出来事はいつも曖昧で、どれが発端だったのかわからないことさえある。このときも、その後何度か、ほんの数回ではあるけれども、指数が上昇することもあった。だが市場がかつての信頼を取り戻すことはもうなかった。反発することはあっても、それはほんとうの上げ相場ではなく、下落基調の途中で一息ついたに過ぎない。

九月四日には地合いはまだ堅調だったが、九月五日には急落する。タイムズ平均は一〇ドル下げ、個別銘柄はもっと下がった。優良銘柄はかなりよく持ちこたえたが、それでもUSスチールは二五五ドルから二四六ドルに下げている。ウェスティングハウスは七ドル、ATTは六ドル下げた。大勢が売りに回ったため出来高は急激に膨らみ、ニューヨーク証取では五五六万五二八〇株に達している。

九月五日の急落を引き起こした直接的な原因ははっきりしていたし、なかなかおもしろい原因でもあった。ロジャー・W・バブソンが同日開かれた全米経営者会議の年次総会で、「遅かれ早かれ相場は暴落し、悲惨な事態となるだろう」と発言したのである。フロリダで起きたことが今度はウォール街で起きると予告したうえで、数字好きの実業家らしく、ダウ平均は六〇〜八〇ドル下げるだろうとまで言った。そして野次が飛ぶ中、こう締めくくる。「工場は閉鎖され、大勢が職を失うだろう……悪循環は止まるところを知らず、深刻な不況が起きるだろう」*

これが人を安心させるような発言でないことはまちがいない。それにしてもふしぎなのは、なぜ市場が突然バブソンごときの発言に耳を傾けるようになったのか、ということであ

＊The Commercial and Financial Chronicle (September 7, 1929)。

る。多くの人が証言するとおり、バブソンはこの手の予言を何度もしたことがあったが、それらはどうみても株価に何の影響も与えて来なかった。しかもバブソンはアービング・フィッシャーでもなければハーバード経済学会でもない。予言者として信頼できるような人物ではないのだ。彼は教育者であり、哲学者であり、理論家、統計学者、予測家、経済学者、さらにはニュートン力学を経済に応用した物理経済学者でもあって、底の浅い人間だとみられがちだった。それに、最終結論に到達した方法も問題である。チャートにはうさんくさい線や面が描かれ、第六感や神懸かりまで動員されているらしかった。合理的・客観的・科学的な方法に頼る正統派が、そのやり方では株価下落を予測できなかったにもかかわらず、バブソンを毛嫌いしたのも当然だろう。この種のことではまちがった根拠で正しい結論に達しても評価されないのが現代社会での通例で、立派な方法でまちがう方がはるかによいとされる。

ウォール街は、バブソンの処遇について一瞬たりとも迷わなかった。間髪を入れず血祭りに上げたのである。投資専門誌のバロンズは九月九日号の社説で、バブソンを皮肉たっぷりに「ウェルズリーの賢者」と呼んだ。ウェルズリーはバブソン大学の所在地である。そして、過去の発言の「悪名高き見当外れ」を知っている人は、今回の発言もまともに受け止めてはいけないと呼びかけた。証券取引所の会員証券会社であるホーンブロワー・アンド・ウィークスは、顧客にきっぱりと請け合った。「例の統計学者が市場の破綻について根拠のない予言をしているようですが、それで私共があわてて売りに出るようなことはございません」*。アーヴィング・フィッシャー教授も反撃に出た。配当が増加傾向にあること、急落直後の株への不信感は薄れてきたこと、投資信託が「広範なポートフォリオを巧みに運用してリスク分散を図っている」ことを挙げ、「株価の後退はあり得るとしても、市場の崩壊といったものは考えられない」と結論を下している。** ボストンの投資信託インコーポレーテッド・インベスターズは、同じことをすこし違う言い方で一般向けに表現した。少々の下落は覚悟してください、これはすぐに終わります、と。この会社は大きな広告を出し、「一時的な下落は、恒久的に続く上昇基調にたまさか訪れる中休みに過ぎません。ただこの中休みの間には、優良銘柄といえども、他の銘柄と共に下がることがあります」と注意を促した。ただし「当社のポートフォリオが大きく影響されることはありません」と抜け目なく一言添えている。

九月五日の急落は、さっそくバブソン・ブレークと名付けられる。翌六日の金曜日には市場は反発し、土曜日も堅調だった。もう安心だと多くの人は考えたようだ。恒久的に続く上昇

* The Wall Street Journal（September 6, 1929）に引用されたものによった。
** Edward Angly "Oh Yeah!" (New York: Viking, 1931), p.37。

基調がまた始まるように見えた。バブソンが何と言おうと、これまでずっとそうだったではないか。ところが九月九日から始まる次の週になると、株価は再び不安定になる。九日の月曜日、いささか早すぎる悲観論に染まって警戒心を募らせたニューヨーク・タイムズ紙は、ついに終わりが来たとほのめかす。そして「過去の例のとおり不愉快な終わりが来ていることを受け入れまいとするのは、ブーム期の顕著な特徴である」と書いた。水曜日になるとウォールストリート・ジャーナル紙に通信文のお手本のような記事が載る。それによれば「昨日の株式市場における主力銘柄の値動きには、上昇基調の中で一過性の要因による調整が入った場合の特徴がうかがわれる」という。

不安定な相場は続き、日によって強気になったり弱気になったりした。相場はふらつき、小刻みにぶれたが、あとになってみれば、はっきりと下を向いていたことがわかる。この期におよんでも投資信託は新設され、投機家は市場に押し寄せ、ブローカーズ・ローンは増え続けていた。終わりはもう来ていたのに、まだ見えていなかった。

多分それでよかったのだ。ウォール街がかつて学んだとおり、人生最後の瞬間はいとおしまなければいけない。九月一一日のウォーストリート・ジャーナル紙には、いつも通り「今日の言葉」が掲載された。マーク・トウェインの言葉だった。

「夢を失ってはいけない。夢がなくても死にはしないが、もう生きてはいない」

5

大暴落
The Crash

一九二九年の秋までにアメリカはすでに不況になっていたというのが通説になっている。六月には鉱工業生産指数と工場生産指数が共にピークを打ち、下降に転じた。連邦準備理事会（FRB）が発表する鉱工業生産指数は、六月には一二六だったが、一〇月には一一七にとどまっている。鉄鋼生産高も六月をピークに減少に転じ、一〇月には貨物輸送量が減少を記録。景気動向にきわめて敏感な住宅建設は、数年前から低迷が続いていたが、二九年には一段と落ち込んだ。そして最後に株価が下落したのである。当時の景気動向を調べたある気鋭の学者は、株価の急落は「産業にすでに現れていた変化を反映したものと言える」と述べた。*

* Thomas Wilson "Fluctuations in Income and Employment", p.143。

この見方に従うなら、株式市場とは所詮鏡に過ぎないことになる。この場合で言えば、経済の基礎的条件いわゆるファンダメンタルズを市場は遅ればせながら映し出したということだ。つまり原因は経済で結果が株式市場なのであって、決して逆ではない。一九二九年には経済が後退局面に向かっており、それが最終的に株価に手荒く反映されただけだ、ということになる。

一九二九年には、この見方を支持する十分な理由、少なくとも戦略的な理由があった。だから、株式市場鏡説がもてはやされたのも無理はない。このときウォール街では、いやもちろんどこでもそうだが、大不況を望む人間などまずいなかった。そしてウォール街では、これまたアメリカ中がそうだったのだが、言葉の魔力というものが信じられていた。株価が落ち込んだとき、市場関係者の多くは本物の危険に気づく——所得と雇用、すなわち繁栄の実体そのものに株式市場が悪影響をおよぼすようなことになったら大変だ。それだけは絶対に防がなければならない。そのためには、権威ある人物の権威ある発言が必要だった。所得と雇用は減少しないと繰り返し明言する。できるだけ多くの大物が、できるだけはっきりと。そして彼らはそれをやった。曰く、株式市場なぞあぶくのようなものである、経済の実体は生産であり、雇用であり、支出であって、それらは株価などには影響されない、云々。ほんとうにそうだと確信していた人はいない。だが経済政策の一手段として口先効果を狙うからには、疑ったり迷ったりしている場合ではなかった。

不況が進行してからも、株式市場はさほど重要でないと強調し続けることが肝心だった。不況はじつに不快な事態である。そのうえそもそもウォール街は、アメリカ人の生活の中で決して好ましい存在ではない。信心深い地域によっては、株に手を出すような輩は博奕打ち呼ばわりされることさえあり、まず社会的に尊敬できる人物とはみなされなかった。だから不況の原因は主に株価暴落にあるなどと言えば、みなさっそく真に受け、株式市場は大打撃を受けただろう。まさか証券取引所がなくなることはあるまいが、痛手を負うことはまちがいない。だからといって、暴落が経済に与えた影響をことさら小さく見せかけようとウォール街が共謀したと言うつもりはない。一種の本能的な生存本能から、実体経済と切り離しておく方がいいと考えたというのがほんとうのところだろう。株式市場というものは、そもそもひ弱な存在なのだから。

しかし投機ブームとその崩壊が重要な役割を果たしたと考えない限り、一九二九年秋以降の経緯について説得力のある説明をすることはできない。二九年九月か一〇月まで、経済活動は落ち込んだと言ってもごくゆるやかなものだった。あとでも述べるが、暴落が起きるまでは、この落ち込みはすぐまた自然に回復すると考えてもおかしくなかった。実際二七年にもそうだったし、四九年以降にもそうなっている。災厄を予見すべき理由は何もなかった。その後三年もの長きにわたって生産、物価、所得その他もろもろの指標が下がり続けるだろうなどとは、誰も想像だにしなかったのである。暴落が起きて初めて、長期にわたる経済の悪化もあり得ると考えられるようになったのだった。

以上の点から、次のように結論できる。深刻な不況の襲来に市場が突如気づいたから暴落が起きたと一部では言われているが、決してそうではない。株価が下がってきた時点では、程度を問わずどんな不況も予想できていなかった。ただし、指標の悪化に投機筋が敏感に反応して売りに転じ、その結果、いずれ破裂する運命だったバブルがはじけたという可能性はある。この方がいくらかもっともらしい。あるいは、日頃から指標に注意していた一部の投資家が売り時だと判断し、その他大勢が追随したということもあり得る。だがどちらでも、じつはたいして問題ではない。およそどんなきっかけからでも崩壊するというのが、投機ブームの性質だからである。市場に対する信頼感を揺るがすような出来事が何か起きさえすれば、儲けるだけ儲けて決定的な崩壊前に逃げ出す腹づもりだった投機筋は売り急ぐ。株価は永久に上がると信じていた無邪気な一般投資家にもそれが伝染し、一気に売りに回る。こうなるとすぐに追い証が必要な事態となり、払いきれずに売らざるを得ない投資家が続出。かくてバブルは崩壊する、という次第である。

バブル崩壊の原因として、ウォール街では指標の悪化のほかに二つの出来事が挙げられてきた。一つは一九二九年九月二〇日にイギリスで起きた、クラレンス・ヘイトリー帝国の突然の崩壊である。あの国には時として妙に英国人離れした人物が出現し、まっとうな英国紳士を当惑させることがあるが、ヘイトリーはまさにそういう御仁だった。商売に関してはあまり芳しからぬ前歴の持ち主ながら、二〇年代には結構な規模の製造・金融帝国を築き上げてしまう。中核事業がまたひどく珍しいもので、自動販売機や自動写真撮影機の類だった。あまりぱっとしないこの事業から出発して、ヘイトリーは投資信託や巨額の金融取引へと手を拡げていく。ただし承認をとらずに株を増発したり偽造株券で資産を膨らませるなど、事業拡大の手法は相当にいかがわしいものだった。巷の噂によれば、ロンドンでヘイトリーの化けの皮がはがされたことは、ニューヨーク市場の信認を手ひどく傷つけたとされる*。

もう一つ、ヘイトリーと並んで噂の種になったのが、マサチューセッツ州公益事業局が電

*ヘイトリーは有罪となり長期刑の判決を受けた。

力会社ボストン・エジソンの株式分割を認めなかった事件である。こちらは一〇月一一日に起きた。ボストン・エジソンは四対一の株式分割を申請したのだが、これは同社が主張するとおり、当時よく行われていたことである。この流行に乗り遅れると時代遅れの古ぼけた会社と思われかねなかったし、申請が却下された前例もなかった。しかも、ことはそれだけでは収まらなかった。公益事業局は追い打ちをかけるようにボストン・エジソンの料金体系を調査すると言い出し、さらに同社の現在の株価は「投機筋の操作により、収益からみて途方もなく割高な水準に達していると判断できる」とまで述べたのである。

これはまた歯に衣着せぬ発言である。公益事業局のこの発言が、ヘイトリーの不正発覚と同じく重大な影響をおよぼした可能性もなくはないだろう。だが、大勢が誰ともなく撤退を決めたために、もともと危うかった市場の均衡が破れた可能性もある。たとえば九月二二日には、ニューヨークの新聞各紙が金融面にこんな広告を掲載した。ある投資サービス会社の広告で、「上げ相場に長居は無用」というキャッチフレーズで始まる。「投資家の多くは、相場の上昇局面で手にした利益を調整局面で失ってしまいます。利益以上に損をすることもあるでしょう。忘れないでください。調整局面は必ずやってくるのです」。鉱工業生産指数が下がったことでもなく、ヘイトリーが逮捕されたことでもなく、マサチューセッツ州公益事業局が前例のない申請却下をしたことでもなくて、広告に書かれたようなこんな考えが、数人、数十人の脳裏をよぎったのかもしれない。それが数百人、数千人に伝染した。そしてブームの息の根を止めたというふうにも考えられる。何が最初のきっかけになったのか、それはわからない。それにたとえわかったとしても、さほどの意味はないのである。

2

市場に対する信頼感は、一気に崩れたわけではない。すでに述べたように、九月から一〇月にかけて、基調としては市場は下向きだったが、ときに上向く日もあった。出来高は大きく、ニューヨーク証券取引所ではほぼ毎日四〇〇万株の取引があり、五〇〇万を超える日も珍しくなかった。九月の新株発行額は八月を上回り、いずれも公募価格以上の値が付いている。九月二〇日のニューヨーク・タイムズ紙では、発行価格一〇四ドルだったリーマン・コーポレーションの株が一九日に一三六ドルを付けたことが報じられた。ちなみにこの投資信託は巧みに運用されており、一般投資家が買いに走ったのも根拠なしとは言われない。また九月のブローカーズ・ローン残高は、六億七〇〇〇万ドル近く増えた。一カ月間にこれほど増えた月は今日にいたるまでなく、投機熱は一向に冷めていなかったことがうかがえる。

金融新時代の神々はまだ天上に去っていなかった。その証拠に、例のスウェーデンのマッチ王アイバー・クロイゲルが一〇月一二日付けサタデー・イブニング・ポスト紙のトップ記事に登場している。編集主任アイザック・F・マコーソンの取材に応じたのだが、クロイゲルは新聞嫌いで通っていたから、これはちょっとした特ダネだった。マコーソンによれば「クロイゲルはフーバー大統領と同じく根っからの技術者であり、技術者らしい緻密さで大規模な事業を構築してきた」という。大統領との共通点はほかにもあって、「クロイゲルは、やはり大統領と同じく、理詰めの経営をする」そうである。

この取材の間、クロイゲルはある一点では驚くほど率直だった。マコーソンにこう語ったのである。「私が成功した要因はおそらく三つある。一に沈黙、二に沈黙、三に沈黙だ」。まことにごもっとも。確かにこの稀代の詐欺師は口が堅く、情報を漏らさなかった。真実を伝える情報はなおさらである。二年半後、クロイゲルはパリのアパートでピストル自殺を遂げるのだが、そうなるまで最も親しかった人でさえ、史上最大の詐欺行為を何も知らなかった。アメリカでクロイゲル・グループの発行引受業務を担当していたボストンのリー・ヒギンスン・アンド・カンパニーはたいへん信頼できる立派な会社であるけれども、何も聞いておらず何も知らなかった。同社のドナルド・デュラントはクロイゲル・グループの取締役会のメンバーだったが、一度も会議に出席したことがなかったし、たとえ出席していても何も知らされなかったにちがいない。

一〇月半ば過ぎ、今度は週刊タイム誌の表紙にクロイゲルが登場し、「セシル・ローズの偉大な賛美者」と紹介された。同誌は当時まだ創刊六年で、おそらく経験も人物眼も足りなかったのだろう。金融新時代への信仰をさらに強調するためか、次の週にはサミュエル・インサルまで登場させている。当時は電力王と呼ばれ、のちに公金横領で逮捕された人物である（二週間後、新時代幻想を打ち砕かれたタイム誌の栄誉ある表紙を飾ったのは、シンシン刑務所の改革で名高いルイス・ロウス所長だった）。見せかけののどかさが続いたこの時期、ウォールストリート・ジャーナル紙は、辞任が噂されていたアンドリュー・メロン財務長官が少なくとも一九三三年までは政権にとどまるとの公式発表を報じた。「楽観的な空気が再び拡がっている。（中略）この発表は、信頼感回復の特効薬となった」と同紙は論評している。ドイツを訪れていたナショナル・シティ・バンク会長のチャールズ・E・ミッチェルは、「米国の産業はきわめて健全」だと断言。ブローカーズ・ローンに神経質になりすぎていると指摘し、「米経済の上昇基調を妨げる要因は見当たらない」と述べた。また一〇月一五日に帰国の途につくに際しては、さらに踏み込んで「市場は現在おおむね健全であり、（中略）我が国の全面的な繁栄を考えれば株価も妥当な水準にある」と強調している。同じ日の夜、アービング・フィッシャー教授が「恒久的に続く高原状態《プラトー》」に関するあの歴史的な発言をし、「ここ数カ月のうちに株価は現在よりかなり高い水準に達すると予想している」と言い添えた。確かに、一〇月のこの日々に影を落とす暗雲は、たった一つしかなかった——株が着々と下がり続けていたことである。

3

一〇月一九日、土曜日。ワシントン発のニュースで、ロバート・P・ラモント商務長官が一〇万ドルの予算不足に悩んでいると報じられた。J・P・モルガンから政府に寄贈されたばかりのヨット海賊号《コルセア》の維持費として必要だという（三〇〇万ドルを投じてメーン州バスで新しいヨットを建造中のモルガンにとっては、まったく懐の痛まない贈り物だった）。もっとまじめな徴候も、ただならぬ資金不足が迫っていることを示していた。前日に市場がひどく軟化したのである。後場では大幅安となり、タイムズ平均は約七ドル下落。USスチールは七ドル、GE、ウェスティングハウス、モンゴメリー・ウォードはそれぞれ六ドル下げた。その後の相場展開も悪く、出来高は土曜日としては史上二番目の三四八万八一〇〇株に達したものの、取引終了時のタイムズ平均は一二ドル下落となった。優良銘柄でさえ大幅に値を下げ、仕手株は棒下げ状態である。J・I・ケースなどは四〇ドル安を記録した。

日曜日には、各紙の一面トップに市場ニュースが踊る。ニューヨーク・タイムズ紙の見出しは「売りの大波に呑まれて株価は急落」だった。そして翌日の金融面には、ついに終わりが来たと書き出される——同紙では、終わりが来るのはもう一〇回目ぐらいだったが。ただ記者も学習したとみえ、「少なくとも当面は、ウォール街も現実に目覚めたようだ」と尻尾をつかまれない書き方をした。急落をすぐに説明できる要因は見当たらなかった。FRBはだいぶ前から沈黙を保っていたし、あのバブソンも目新しいことは口にしていない。ヘイトリー事件はすでに一カ月前、マサチューセッツ州公益事業局の一件も一週間前だった。いずれにせよ、これらの出来事が理由付けに使われたのは、しばらくあとになってからである。

日曜日の新聞に掲載された記事のうち、その後すっかりおなじみになったものが三つある。一つは追い証である。土曜日の取引終了後にはかなりの追い証請求が行われた。これはつまり、信用取引で買った株が大幅に値下がりし、借入金の担保として不十分になった結果、投資家が追加の保証金を要求されたことを意味する。

他の二つはもう少し安心できるものだった。一つは、「最悪の事態は過ぎた」という表現である。これは各紙の一致した意見であり、また市場関係者の見方でもあった。そしてもう一つは、「組織的な買い支え」である。翌日にはこれが行われるはずだという観測が流れていた。市場が万一再び軟化しても、もはや放置されることはないという。

「組織的買い支え」という言葉には魔法の効き目があった。こんな言葉がほかにあるだろうか。この言葉はたちまちあらゆる人の口に上り、あらゆる市場ニュースに登場するようになる。組織的買い支えとは、資金力のある誰かが組織的に買いに回り株価を妥当な水準に維持してくれることだ、と皆が了解していた。では誰が、ということになると、意見はまちまちだった。一部では、大物相場師の名が上がった。カッテン、デュラント、ラスコブなどである。なるほど投機筋こそ、誰よりも暴落を避けたいはずである。また一部では、銀行ではないかと言われた。たとえばチャールズ・ミッチェルは、かつてブームを支えたことがある。事態が深刻化するようなら、きっとまた乗り出してくれるだろう。そしてまた一部では、投資信託に期待がかけられた。大規模な株式ポートフォリオを組んでいるのだから、株安は何としても避けたいにちがいない。それに現金も潤沢に持っている。相場が下落したら割安株を買いに回るだろう。そうなれば、安値は長続きしない……。という具合で、これだけ大勢が下落を食い止めようとするなら、もう大丈夫、下げは止まるだろうと思われた。

続く数週間、日曜日が来て市場が閉まるたびに、不安にさいなまれ、自信をなくし、弱気になって、月曜日には売って撤退しようと決心することが繰り返されるようになる。一〇月二〇日の日曜日もそういう日曜日だったにちがいない。

4

一〇月二一日月曜日はさんざんな日だった。出来高は史上三番目の六〇九万一八七〇株に達し、そのときになって国中のあちこちで市場を注視していた大勢の人々は、ひどく悩ましいことに気づく――何が起きているか知る手だてがない。それまでにも大商いの日に株価速報が遅れ、市場が閉まってからだいぶ経つまでいくら儲かったのかわからないことはあった。だがそれはいつも上げ相場のときであって、下げ相場でそうしたことは滅多になかった。実際のところ、下げ相場で速報が大幅に遅れたのは三月以来のことである。だから多くの人は初めて、自分が大損を被りひょっとすると回復不能かもしれないというのにそれがわからない、という事態に直面したのだった。それに情報が伝わらないとなると、実際は壊滅的打撃までは受けていなくても、最悪の事態を想像しがちなものである。二一日は寄り付きから株価速報が遅れ始め、正午には一時間遅れになった。最後の取引が端末から打ち出されたのは、市場が閉まってから一時間四五分後のことである。その間、一部の銘柄については一〇分ごとに債券用の端末を使って株価が速報されたが、それと株用の端末から打ち出される一時間前の株価との間にひどく開きがあるため、却って不安感を煽り、売ってしまう方がいいという決断を急がせる結果となった。

まったくひどい一日である。が、絶望的とまではいかなかった。大引け近くに市場が反発したおかげで、終値はその日の底値を上回っている。結局この日の最終的な下げ幅は、土曜日よりも小さかった。そして翌日の火曜日には、おぼつかないながらもいくらか値を戻す。市場はいつものあの頼もしい回復力をまた見せてくれそうだった。多くの人が、今回もこれまで何度もあった一時的な調整局面に過ぎないのだと片付けようとした。

大勢の人がそんなふうに考えるにいたったのには、二人の大物が果たした役割が大きい。一人はアービング・フィッシャー教授、もう一人はチャールズ・E・ミッチェルで、いずれもウォール街の公式予報官といった体だった。フィッシャー教授は月曜日にニューヨークで株価下落について触れ、あれは「上がりすぎの銘柄をふるい落としただけ」だと語った。続いて、ブーム期にも株価は本来の実力に届いておらず、したがってまだ上昇の余地があると考えてよい理由を説明し、その一つとして、禁酒法の効果がまだ十分に株価に表れていないことを挙げた。教授によれば、禁酒のおかげで「アメリカの労働者の生産性と信頼性はもっと向上しているはず」だという。

続いて二二日の火曜日には、ミッチェルが大西洋を渡ってニューヨークに到着。「今回の下げは行き過ぎだ」と見解を述べた(その後に議会や法廷で聴取が重ねられた結果、ミッチェルがそう考えるのは深い個人的事情からだったことが判明している)。そして状況は「基本的に健全である」と強調し、ブローカーズ・ローンの増加に神経質になりすぎだと改めて指摘した。放っておけば市場は自律的に回復するというのがミッチェルの結論である。例のバブソンが横から口を出し、株を売って金(ゴールド)を買うよう奨めたので、残念ながら市場は放ってはおかれなかったが。

そして二三日の水曜日が来る。この日になるとせっかくの大物の声援もだいぶ効力が薄れ、市場は回復するどころか大幅に下げた。寄り付きは平穏だったが、昼近くになって自動車部品メーカーの株が大量に売られたのをきっかけに、全銘柄の取引が激しくなる。そして大引け直前には出来高が驚異的に膨らんだ。わずか一時間の間に、それも急速に値を下げる中、二六〇万株が取引されたのである。タイムズ平均は四一五から三八四ドルに下落し、六月末の水準まで一気に戻ってしまった。ＡＴＴは一五ドル、ＧＥは二〇ドル、ウェスティングハウスは二五ドル、J・I・ケースは四六ドル下げと、いずれも大幅下落である。株価速報はまたしても大幅に遅れ、悪いことに中西部を暴風雨が襲って広域で通信が途絶したため、人々の不安を一層煽る結果となった。後場に入り夕方が近づく頃には、投機筋の多くが、売り抜けられるうちに売り抜けて手仕舞おうという甘い見通しを立てる。一方それ以外の投機家は、撤退しか選択肢がないことを思い知らされた。取引が進むにつれて追い証が次々に請求され、払えなければ株を売るしかなくなったからである。追い証の請求額は過去最高の額に上った。あのフィッシャー教授は折しもワシントンの銀行家の会合で講演中だったが、さすがに以前ほど意気軒昂ではなく、「多くの株は、それほど割高な水準に達しているとは言えない」と歯切れの悪い発言をしている。ただし、禁酒法の効果がこれから現れるという持論は曲げなかった。

　その夜、輪転機にかけられた新聞には、過ぎ去ろうとする時代の名残が刷られていった。一つは、例のクロイゲル・アンド・トールの新株発行を告げるあつかましい広告。公募価格は二三ドルである。もう一つは、小さいが元気の出る記事だった。翌日には市場で「組織的買い支え」が行われることは確実だという。

一〇月二四日、木曜日。歴史をひもとくと、この日が一九二九年の恐慌相場が始まった日とされている。確かに混乱や恐怖や動揺の度合いから考えれば、そう見なされてもおかしくない。この日の出来高はなんと一二八九万四六五〇株に達し、その多くが、持ち主の夢と希望を打ち砕くような値で取引された。株取引を巡る謎は数々あれど、売る人がいれば必ず買う人が現れるというのは最大の謎と言うべきだろう。だが一九二九年一〇月二四日には、「必ず」ということはあり得ないと誰もが思い知った。買い手がいっかな現れないという事態が頻々と起き、一本調子で下げてからでなければ買いは入らなかった。

とは言え暴落が暴落を呼ぶ恐慌相場が一日中続いたわけではない。大混乱に襲われたのは前場だった。寄り付きは静かでしばらくは値動きも落ち着いていたが、次第に取引が膨らみ、株価が下がり始める。またもや株価速報が遅れ、相場が下げ急ぐにつれて遅れはひどくなった。一一時には、市場はすさまじい狼狽売り一色となる。国中のあちこちで証券会社の店頭に大勢が詰めかけ、端末は遅れに遅れながらおぞましい数字を吐き出していく。一部の銘柄は債券用の端末からリアルタイムで株価が打ち出されたが、それは株用の端末が伝える数時間前の株価をさらに下回っていた。これで先行き不透明感は一段と強まり、売り急ぐ人は増える一方になる。追い証を払えない人の担保株は売り払われた。一一時半には、市場は激しい恐怖に覆われ出口の見えない状態に陥る。まさにパニックだった。

取引所を一歩出たブロード・ストリートは、異様なざわめきに包まれていた。群衆が集まってきたのである。警察署長のグローバー・ワーレンは騒ぎに気づき、治安維持のため証券取引所に特別班を派遣した。ますますたくさんの人がやって来て何かが起きるのを待ち受ける。とは言っても、何が起きるのか知っている人は誰もいなかった。高層ビルの屋上に作業員が現れ何かを修理し始めると、通りにいた大勢の人はてっきり自殺するものと思い込み、この男が身を投げるのをいまかいまかと待ち構えたものである。ニューヨーク市内の証券会社の支店にも人だかりができた。いや国中の支店という支店はどこも黒山の人だかりだった。株価表示板や電信端末を見られる位置にいる人が、憶測もふんだんに交えながら、いま何が起きているのかを話す。現場を見ていた人の証言によれば、「どの人も悲しむというより、茫然として耳を疑っている様子だった」という。* 株はどれもこれもただで売られているとか、シカゴとバッファローの取引所は閉鎖されたといった噂が次から次へとウォール街から拡がっていった。ばたばた自殺者が出て、大物相場師はもう一一人も命を絶ったという流言まで飛んだ。

一二時半、ニューヨーク証取は見学者用通路を閉鎖する。通路の真下では阿鼻叫喚が繰り広げられていた。閉鎖直前に立ち去った見学者の一人は、誰あろう英国の元蔵相ウィンストン・チャーチルその人である。歴史的瞬間に立ち会う特異な才能をこのときも遺憾なく発揮したようだ。チャーチルこそは、一九二五年に実力以上の旧平価でイギリスを金本位制に復帰させた張本人である。そうやって英国経済を圧迫し、中央銀行総裁モンタギュー・ノーマンをアメリカに派遣して金融緩和を懇請する事態を引き起こした。これを受けてアメリカでは致命的な時期に信用供給が拡大され、それがひいては株式ブームを招いたと考えられる。従ってチャーチルは、自ら手を下したことの顚末を目にしたのだと言えよう。

そのことでチャーチルが非難されたという記録は残っていない。この偉大な政治家にとって経済は弱点だった。だからチャーチルは自責の念にさいなまれるようなことはなかっただろうし、それが賢明な処世術というものである。

6

少なくともニューヨークでは、パニックは昼までに終わった。組織的買い支えが、ついに登場したからである。

＊"Edwin Lefevre "The Little Fellow in Wall Street", The Saturday Evening Post (January 4, 1930)。

一二時。ウォール・ストリート二三番地にあるJ・P・モルガンのオフィスで会合が開かれていることを新聞記者が嗅ぎつけた。すぐさま出席者の情報が流れる。ナショナル・シティ・バンクの会長チャールズ・E・ミッチェル。チェース・ナショナル・バンクの会長アルバート・H・ウィギン。ギャランティー・トラストの社長ウィリアム・C・ポッター。バンカーズ・トラストの社長スワード・プロッサー。主催者はモルガンのシニア・パートナーであるトーマス・W・ラモントだった。言い伝えによれば、一九〇七年の銀行恐慌のとき、老モルガンはこう宣言したという——ここで食い止めなければならない。まさにこの鶴の一声で、倒産寸前のトラスト・カンパニー・オブ・アメリカを救済するかどうかの議論にけりが付き、恐慌は終息したのだった。そして二二年後のいま、ドラマは再現されようとしていた。老モルガンは亡くなり、その息子はヨーロッパにいる。しかし決心の固さでは優るとも劣らない面々が乗り出そうとしていた。いずれもアメリカ金融界の大立者であり、ニューディール一派から誹謗中傷される前のことである。こうした立派な人たちが動き出すというニュースが流れるだけで、恐怖の呪縛は解かれるはずだった。

　そして確かにそのとおりになった。買い支えを行うために資金をプールするとの決定が速やかに下されて*会合は終了。ラモントが記者会見に応じた。表情は深刻だったというが、その発言に一同は一安心する。のちにF・L・アレンが最大級に控えめな表現と呼んだ言葉遣いで「今日の株式市場では若干の狼狽売りがあった」とラモントは切り出すと、これは「市場特有の一過性の要因」によるものであって経済の基礎的な要因によるものではないと説明し、事態は「改善に向かうと見られる」と述べた。この発言を通じて、銀行が何らかの手を打つ腹づもりであることを誰もが知ったのだった。**

会合が開かれたという知らせはすでに立会場に伝わっており、地方の取引所には電信でこのニュースが打電されていく。株価はたちどころに安定し、上向き始めた。そして午後一時半にはリチャード・ホイットニーが立会場に現れ、鉄鋼株の取引ポストに向かう。ホイットニーは取引所でおそらく一番よく知られた人物で、家柄もよく高い教育も受け、いずれニューヨーク証取のトップになると目されている。当時はまだ副理事長だったが、理事長のE・H・H・

＊拠出または保証された金額はわかっていない。フレデリック・L・アレン（"Only Yesterday", p.329-30）によれば、後から参加したファースト・ナショナル銀行（会長ジョージ・F・ベーカー）も含め、各行が四〇〇〇万ドルずつ出したという。そうなるとプールされた資金総額は二億四〇〇〇万ドルということになり、多すぎると思われる。ニューヨーク・タイムズ紙は後に（一九三八年三月九日付け紙面）合計で二〇〇〇万〜三〇〇〇万ドル程度と推測している。
＊＊前掲書、p.330。

サイモンズがハワイに行って不在だったため、代行を務めていた。ただしこのときこの場では、ホイットニーがモルガンのフロア・トレーダーとして鳴らしており、しかも実兄がモルガンのパートナーであるという事実の方が、はるかに重要だったと言えよう。

人混みをかき分けて歩いていくホイットニーは、颯爽として自信たっぷりに見えた。上機嫌だったとさえ、のちに書かれている。確かにモルガンは債券取引が中心だから、前場の狂乱にさほど巻き込まれずに済んでいたはずだ。ともあれポストに着くと、ホイットニーはUSスチールに二〇五ドルの指値で一万株の買い注文を出した。二〇五ドルは最後の売り呼び値で、その時点ではさらに数ドル下げていたから、まともな取引ではまずやらないことである。これで二〇〇株を買うと、専任のトレーダーに後を託してホイットニーは別のポストに向かう。同じやり方でさらに一五〜二〇銘柄に買いを入れた。

まさしく組織的買い支えである。とうとう銀行が動き出したことは、誰の目にも明らかだった。効果は電光石火で現れる。投資家は恐怖を忘れ、この上げ相場を逃してはならじという別の心配に駆られる。株価は一転して急騰した。

銀行家は大成功を収めたのである。前場では、株価が下がるにしたがって大量の損切り注文が乱れ飛んでいた。損切り注文とは、ある値段に達したらとにかく売れという注文のことである。証券会社は自分が損を被らないよう、追い証を払えなくなったお客の担保株についてこの注文を出しておく。損切り注文が発動されるたびに大量の株が市場に売り出され、株価は一段と下がる。そして下がればまた投げ売りが誘発される。文字通りの連鎖反応であり、銀行はこれを食い止めるべく敢然と立ち向かったのだった。

大引けが近づく頃、国内各地から売り注文が続いて相場は再び軟化したが、それでも暗黒の木曜日と呼ばれるようになったこの日の回復ぶりは、売りのすさまじさと同じく注目に値する。タイムズ平均は結局一二ドル下げただけだった。これは、前日の下げ幅の三分の一程度に過ぎない。ホイットニーが買い支えの第一号に選んだUSスチールは、寄り付きでは前日終値を一、二ドル上回る二〇五・五ドルだった。その後一九三・五ドルまで下げたが*、最後は二〇六ドルで引け、前日終値を二ドル上回っている。モンゴメリー・ウォードは始値が八三ドル、底値は五〇ドルまで行ったが、終値は七四ドルまで戻した。GEは始値から一時は三二ドル下げたが、二五ドル戻して引けた。投資商品中心のカーブ取引所では、投資信託のゴールドマン・サックス・トレーディングが始値八一ドル、底値六五ドル、終値八〇ドル

*本書では株価は原則として整数にまるめている。ただしこの日のUSスチール株は、くわしい数字が必要と判断した。

を記録。脱穀機事業に自己資金をつぎ込むなど奇妙な行動がとかく噂の種になるJ・I・ケースでさえ、差し引き七ドル高で引けている。大勢の人がウォール街の重鎮に感謝して当然だった。

7

その一方で、感謝する気になれない人がいたこともまちがいない。広い国土では、事態の好転がきちんと伝わらないところも多かった。後場の早い時間に相場が上がり始めたとき、株価速報は数時間も遅れていたからである。一部の銘柄は債券用の端末を使ってリアルタイムで株価が伝えられたけれども、株用の端末からは前場の最悪の時点での株価が延々と打ち出されていた。そして多くの人にとっては、そちらがすべてだったのだ。端末から吐き出される数字は、固唾を呑んで見守る大勢の人にとって、担保に入れていた自分の株がすべて売り払われたことを意味した。それは、金持ちになるという夢、ほんの一時だけ実現した夢が、家や車や毛皮や宝石や名誉と共にはかなく消えていくことを意味する。自分たちが破滅したあとになって相場が回復したと知っても何の慰めにもならない。空しさが募るだけだった。

端末がその日の大災難を打ち出し終えたときには、夜の七時八分三〇秒になっていた。取引所では、前場ですっかりすってしまった人たちが黙りこくってテープを見つめていた。いまとなっては意味のないことだが、何カ月も何年も続けてきた習慣はそうすぐには抜けない。最後の取引が印字されると、ある人は悲しそうに、ある人は悔しそうに、それぞれの思いにふけりながら暗くなる夜の町に出て行った。

ウォール街は明るかった。事務員はその日の取引を記録するのに大わらわで、どのオフィスにも煌々と電灯が輝いていた。使い走りの小僧や立会場のボーイは、自分が損一つしていないこともあり、すっかり興奮状態である。浮かれて通りを練り歩き、警官に小言を食らう始末だった。通信大手三五社の代表はホーンブロワー・アンド・ウィークスに集まり、会合が終わると記者会見を開く。市場は「基本的に健全」であり「個々の要因もここ数カ月に比べ改善されている」と述べた。最悪の事態は終わったというのが、その場にいた全員の一致した見方である。会議を主催したホーンブロワー・アンド・ウィークスは、「本日の取引を起点として市場には健全な上昇基調がしっかりと根を下ろすであろう。この新たな上昇基調が一九三〇年の市場を支配すると確信する」との声明を発表している。

一方ナショナル・シティ・バンクのミッチェルは、暴落は「一過性の原因によるもの」だと断じ、「ファンダメンタルズは引き続き堅調である」と強調した。ミッチェルに敵対する民主党のカーター・グラス上院議員は、暴落が起きたのは主にミッチェルのせいであると発言。共和党のウィルソン上院議員は、民主党が関税引き上げに反対するから暴落が起きたのだと主張した。

8

一夜明けた一〇月二五日金曜日、そして二六日土曜日も大商いが続いた。金曜の出来高は六〇〇万株弱、取引時間が短い土曜も二〇〇万株を上回っている。株価は全般的に安定していたが、平均株価は金曜日に少し上がり、土曜日に少し下がった。この間に木曜日の買い支えで買われた株の大半は放出できたと考えられる。事態はまちがいなく好転したのだし、それが誰のおかげかもわかっていた。勇気と実力を示した銀行家に対し、投資家は惜しみなく拍手を送った。ニューヨーク・タイムズ紙はこう書いている。「我が国の有力な銀行にはつねにパニックの再発を防ぐ用意があることを知って、金融業界は安堵し、その結果として先行き懸念は和らいだ」

暗黒の木曜日に続く二日間、大勢の人が経済予測の数字を確かめては胸をなで下ろした。あれほど多くの人がそんなことをしたのは、後にも先にもあるまい。多分に自己満足めいた楽観論を口にした人も多い。たとえばクリーブランド・トラストのレナード・エアーズは、あのような暴落に見舞われたら、アメリカ以外の国はあれほど見事には立ち直れまいと述べた。景気の見通しは良好であり、株の暴落ぐらいでは米企業はびくともしないと言う者もあった。誰も認識していなかったが、こうした発言はただの気休めなのであり、当然ながら気休めを言うのに知識などいらない。そのことはしかと肝に銘じておくべきである。

たとえばコンチネンタル・イリノイ・バンクのユージン・M・スティーブンスは「産業の現状をみる限り、神経質になる必要はどこにもない」と言い、ニュージャージー・スタンダード石油のウォルター・C・ティーグルは、石油産業において懸念すべき「基礎的条件の変化」は見当たらないと言った。USスチールの会長チャールズ・M・シュワブは、鉄鋼産業では安定化に向けた「本格的な前進」がみられ、こうした「健全な基盤」が鉄鋼産業の繁栄に寄与していると語った。

鉄道のボールドウィン・ロコモティブ・ワークスの会長サミュエル・ヴォークレインは「ファンダメンタルズは健全である」と言った。そしてフーバー大統領は「米国産業を支える生産と流通販売は、健全な基盤の上で円滑に運営されている」と述べた。ただ、株式市場について何かコメントしてほしい、たとえば株は現在割安であるといった発言をしてほしい、という求めには応じていない*。

まだまだある。アソシエーテッド・ガス・アンド・エレクトリックの社長ハワード・C・ホプソンは、おきまりの基盤や基礎云々を省略して、「賭博師まがいの投機筋が排除されたことは、我が国の産業にとってまちがいなく有益である」と指摘した（ただしホプソン自身もやや手堅くはあるが投機家の一人だったのであり、やがて排除される運命にあった）。ボストンのある投資信託はウォールストリート・ジャーナル紙に広告を出し、「いまは準備のとき。冷静に考えることが必要です。ベテラン銀行家の言葉にどうぞ耳を傾けてください」と呼びかけている。こうした気休めを妨害する発言はたった一つしかなかった。ニューヨーク州知事のフランクリン・D・ルーズベルトがポキプシーで行った講演で、「投機の過熱」を批判したのだ。これはきわめて重要な発言である――が、結局注目を集めることはなかった。

日曜日にはあちこちの教会で説教が行われ、アメリカには木曜日に天罰が下されたが、それは当然の報いだったと人々は諭された。金持ちになりたいという欲望にとりつかれて大切な価値観を見失っていた、だから試練を与えられたのだ、と。

ほとんどの人が、これでもう十分罰せられた、また投機に励んでもいいのだと感じる。日曜日の新聞も、翌週の市場の展望に関する記事で埋め尽くされていた。

株価は再び低い水準に落ち込んだのだから、買いが殺到するにちがいないというのが大方の見方である。証券会社からの発表として、一部は頼まれて書いたのだろうが、市場が開く前から途方もなく大量の買い注文が積み上がっているという記事もあった。翌月曜日の紙面では、証券会社や投資信託が、割安なうちの賢いお買い物を奨めるキャンペーンを一斉に打つ。ある会社の広告にはこんなことが書かれていた。「厳しい選択眼と慎重な判断は、いつの時代にもよい投資の条件です。ですが今回は、そうした厳しい目をお持ちの投資家のみなさまにも安心してお買いいただけると私共は確信しております」。ほんとうの災厄が始まったのは、その月曜日だった。

＊一九二九年一二月二八日付けサタデー・イブニング・ポスト紙に掲載されたガレット・ギャレットの署名記事による。フーバー大統領もこの記事がおおむね正確であることを回想録で認めている。ギャレットによれば、大統領に声明を出すよう頼んだのは銀行グループだという。このことから、買い支え以外にも、懸念を払拭するための仕組みがかなりうまく機能していたことがうかがわれる。

第6章

事態の悪化

Things Become More Serious

一九二九年秋に、ニューヨーク証券取引所はほぼ現在の姿で創立一一二周年を迎えている。一一二年の間には何度か危機もあった。一八七三年九月一八日には、大手投資銀行のジェイ・クック商会が倒産。事実上これがきっかけとなって、続く数週間のうちに証取の会員証券会社五七社が巻き込まれた。また一九〇七年一〇月二三日には、銀行恐慌の中、コールレートが一二五%まで急騰した。秋はウォール街にとってさほど忙しい季節ではないはずなのだが、一九二〇年のやはり秋、九月一六日には、モルガン商会の隣のビルの前で爆弾が爆発。死者三〇人、負傷者一〇〇人を超す惨事となっている。

ただし過去の危機には、始まったときには終わっているという共通点があった。少なくとも、最悪の瞬間をそれと指し示すことができた。これに対して一九二九年の大暴落の際立った特徴は、最悪の事態がじつは最悪でなく、さらに悪化し続けたことである。今日こそこれで終わりだと思われたことが、次の日には、あれは始まりに過ぎなかったのだとわかるのだった。苦しみを深め、引き延ばし、できるだけ大勢を残酷な運命から逃れられないようにする仕掛けというものがあるとしたら、あれほど巧妙な仕掛けはあるまい。最初の追い証請求に応じる資金を持ち合わせていた幸運な投機家も、すぐさま次の追い証を要求され、たとえそれに応じられても、また仮借なく次を取り立てられる。そしてついには有り金をそっくり召し上げられて破綻することになった。いくらか目端が利き最初の暴落をうまく売り抜けた投機家も、底値を拾いに戻ってきて(一〇月二四日の出来高が一二八九万四六五〇株に達したということは、それだけの数の株が売られただけでなく、買われたことを意味する)、結局は底割れに直面した。一〇月と一一月は様子見を決め込み、売買が正常に戻って市場が落ち着きを取り戻すのを待ち、それからおもむろに買いに入った投資家もいる。だがこの慎重な投資家も、その後二年間で株価が買値を大きく割り込み三分の一か四分の一になるという憂き目に遭った。クーリッジの上げ相場は華々しい一大ショーだったが、その情け容赦ない決着の付け方も、負けず劣らず華々しかったと言えよう。

2

一〇月二八日、月曜日。この日から、絶頂とどん底がきりもなく繰り返されることになる。月曜日は、暗黒の木曜日に劣らずひどい一日になった。出来高は多かったが、九四五万株ほどだから、一三〇〇万株近かった木曜日ほどではない。それよりも下げ幅が問題で、木曜日よりずっと大幅だった。タイムズ平均は一日で四九ドル一気に下がり、GEは四八ドル、ウェスティングハウスは三四ドル、ATTも三四ドル、USスチールは一八ドル下げた。この日一日の下落幅は、市場がパニックに落ち込んだ前週一週間分を合わせたより大きかったのである。またしても株価速報は遅れ、どうもひどいことになっているらしいというのがわかるだけで、それ以上くわしいことは何もわからなくなった。

この日はついに相場は回復しなかった。一時一〇分に、モルガンのオフィスに入っていくチャールズ・E・ミッチェルの姿が目撃された。やがて端末から景気のいいニュースが打ち出される。USスチールが反発し、一九四ドルから一九八ドルに戻したのだ。だがリチャード・ホイットニーは一向に立会場に現れない。あとでわかった事実をつなぎ合わせると、どうやらミッチェルは個人的な融資の相談でモルガンを訪れたらしかった。市場は再び落ち込み、大引け前一時間の間に三〇〇万株の取引があった。値が下がり続ける中でのこれだけの取引量は前例がないし、その後も今日にいたるまでこの記録は破られていない。

四時半になると、銀行家が再びモルガンのオフィスに集まる。会議は六時半まで続いた。皆冷静な様子だったと報じられており、報道陣に対しては「希望の持てる要因がなお認められる」と語っている。ただし具体的にどんな要因なのかには言及していない。会議後に発表された声明で、二時間かけて何が話されたのかが明らかになったが、それによれば、株価を何らかの水準に維持するとか投資家の利益を保護するといったことは、全然話し合いの目的ではなかった。市場の秩序を取り戻し、とにもかくにも売りと買いが折り合うようにすることが目的だという。売り一色で棒下げになる状態（これをモルガンのラモントは「底抜け相場」と呼んだ）を避けることが唯一の関心事だった。

要するに一般の投資家と同じく、ラモントをはじめとする銀行家たちも、下げ相場に深入りしすぎたことにはたと気づいたのである。公約を果たせなくなるときが早くも来ていた。組織的にせよそうでないにせよ、買い支えなどでは、常軌を逸した売り圧力に対抗することはできない。そこで、これ以上混乱を深刻化させずに買い支えの公約を取り消すにはどうしたらいいかが話し合われたのである。

そして会議で出された結論は、ぞっとするような代物だった。木曜日にはホイットニーが買い支えを実行して投資家の利益を守り、少なくとも損失を食い止めたが、これこそ誰もが望んでいたことである。信用買いで投機をしている者にとって、値下がり以上の災難はない。ところがいまや株価は下がるにまかされようとしていた。もはやこの先は、秩序正しい市場で粛々と破綻することにせめてもの慰めを見出すしかないのだった。

そうなっても、非難の声は上がらなかった。そこはビジネスの場だったからである。政治の世界では過激な発言が好まれ、論難論詰の才に恵まれていれば、偉大とはいかなくとも有名にはなれる。だがビジネスの世界はそうではない。誰もが驚くほど紳士的で慎み深く、どんなにばかげた主張も、どれほど不合理ないいわけも、少なくとも表向きは額面通り受け取るのがマナーになっている。だから二八日の夜が訪れたとき、「我が国の有力な銀行にはつねにパニックの再発を防ぐ用意がある」とはもう誰も思っていなかったけれども、銀行を表立って非難する人はいなかった。その日の市場は人間にはどうすることもできない力を再び淡々と機械的に発揮し、市場のあるべき姿とは言いながら、恐るべき姿を見せつけた。それでも、手をこまぬいて大勢の破綻を放置したと銀行家を非難する人はおらず、ほのかな期待さえ一部では囁かれていた。きっと明日には組織的買い支えをしてくれるだろう……。

3

一〇月二九日、火曜日。この日はニューヨーク証券取引所で、史上最悪の日となった。ことによると、あらゆる株式市場の歴史で最悪の日と言えるかもしれない。それまでの悪い日に起きたありとあらゆる悪いことがこの日に一斉に起きた、と言えばいいだろうか。出来高は暗黒の木曜日を大きく上回り、下げ幅は月曜日に匹敵する急落ぶり。そしてどちらの日にも劣らぬ強い不安感と先行き不透明感が市場を覆った。

取引開始と共に売りが殺到し、大量の株が成り行きで売られた。最初の三〇分の出来高は、一日換算で三三〇〇万株相当の規模に達している。銀行家が何よりも恐れる底抜け相場、売り一色で買いがまったく入らないという事態が多くの銘柄で頻々と発生した。たとえば数カ月前には四八ドルだったホワイト・ソーイング・マシンは、前日終値が一一ドルだったが、そこから値が付かなかった。すると誰かが、一株一ドルの指値で買い注文を出すという妙案を思いつく。フレデリック・ルイス・アレンによれば、これは取引所のメッセンジャー・ボーイだったらしい。ともあれ買いが全然入らないので、この指値でみごとに売買は成立したという。*株価速報はまたも滞り、取引終了時点では二時間半遅れとなった。その時点までに記録された出来高は一六四一万三〇株（一部は記録されずじまいとなった）。かつてなら途方もない大商いと言われた日の三倍以上である。タイムズ平均は四三ドル下落し、華やかなりし一年間の上昇分はきれいに吹き飛んだ。

引け際の反発がなかったら、下げ幅はもっと大きくなっていただろう。木曜日にホイットニーが二〇五ドルの指値で買ったUSスチールは、日中に一六七ドルまで下げたが、最後は一七四ドルまで戻して引けた。アメリカン・カンは一三〇ドルから始まって一時は一一〇ドルまで下げたものの、終値は一二〇ドルまで戻している。ウェスティングハウスは始値が一三一ドル（九月三日の終値は二八六ドルだったのだ）、最安値が一〇〇ドル、終値は一二六ドルだった。しかしこの最悪の日に最悪の経験をしたのは、製造業ではなく会社型投資信託である。投信株は下がったなどという生やさしいものではなく、ほとんど紙屑になりかかっていた。ゴールドマン・サックス・トレーディングは前日終値が六〇ドルだったが、日中に三五ドルまで下げ、そのまま引けた。前日終値の半分近くまで下げたわけである。ブルー・リッジは、値上がり分が吹き飛んでしまうとレバレッジ効果が逆方向に効き始め、悲惨な運命を迎えることになった。九月初めに二四ドルだった株価は一〇月二四日には一二ドルまで急落。暗黒の木曜日

＊"Only Yesterday", p.333。

とその翌日はかなりよく持ちこたえたため、二九日の始値は一〇ドルだったが、その後急速に下げてついに三ドルとなり、一日で価値が三分の一になってしまう。それでもブルー・リッジはその後いくらか持ち直したが、他の投信株はまったく買いが入らなかった。

ウォール街最悪の日にも、終わりは訪れる。この日も、ビルの窓は一晩中明るかった。取引所でも、会員証券会社でも、社員は疲労の極に達していたが、それでも過去最高の出来高に達した売買はすべて記録し処理しなければならない。それも、かつてのようにきっと明日はよくなると思いながらやるのではない。むしろ事態は一層悪化する可能性が大いにあった。ある証券会社では、過労で倒れた事務員に気付け薬をかがせ、仕事に戻したという。

4

大暴落の最初の週に破滅に追い込まれたのは、楽天的な一般投資家だった。二週目の犠牲者は、いくつかの点から、大口の投機に手を出していた富裕層だったと思われる。誰も彼もあっという間に富をむしりとられたのだから、レーニンの平等化政策のようなものだった。株がまとまって売りに出されたことから、大口投機家が売り注文を出したか、追い証が払えず担保株が売られたと考えられる。立会場の様子からも、この点が裏付けられる。一週間前にはごった返していた立会場が、二週目にはほとんど人影がなくなった。大損を被った人々は家に帰ったのである――一人涙に暮れるために。

銀行家は二九日に、正午と夕方の二度集まっている。今回は彼らが冷静だったという記事はないが、それもそのはずで、銀行は資金をプールして市場を買い支えるどころかじつは保有株を売りに出しているというおぞましい噂が、その日一日中市場で囁かれていた。銀行家の威信は株より急速に下がってしまったのである。夕方の会合の後、モルガンのラモントは気の重いつとめを果たすべく記者会見を行い、自分たちは売りに回ったことはない、売り崩しに加担したことはないと述べた。さらに、その日の株価を見れば言わずもがなのことだが、銀行は株価を何らかの水準に維持するつもりはないと繰り返し、「われわれは協調して市場を支えてきたし、これからもそうするつもりだ。われわれが売り手に回ったことはない」と結んでいる。のちにわかったことだが、実際にはチェース・ナショナル・バンクの会長であるアルバート・H・ウィギンなどは、数百万もの株を密かに空売りしていたのである。組織的買い支えをやってもし成功すれば、ウィギンは莫大な損を被る羽目に陥るのだから、なかなかおもしろい見物になっていたことだろう。

こうして組織的買い支えはきっぱり姿を消し、その後何日か話題に上ることはあっても、二度と再び希望がかけられることはなかった。このときのニューヨークの銀行家ほど、短期間で信用を失墜した例はめずらしいだろう。一〇月二四日から二九日までわずか五日間で面目を失ってしまったのだ。だがここで、次のことは書いておかねばならない。一〇月二四日の暴落を目の当たりにして、それまで一〇％の高金利で資金を貸し出して楽な儲けをしていた企業や地方の銀行はあわてふためき、ウォール街から資金を引き揚げる決心をする。しかし二三日から三〇日の一週間で株価下落に伴う保証金勘定の清算が進んだため、ブローカーズ・ローン残高は一〇億ドル以上も減っていたし、そもそも彼らの資金が重大な危険に瀕していたわけではない。にもかかわらず、この連中はニューヨークから伝えられる悪いニュースに過剰反応し、二〇億ドル以上の資金を回収してしまった。にわか貸金業者のやりそうなことではある。このとき資金の出し手となったのが、ニューヨーク市内の銀行だった。危機の最初の週に貸し出しを約一〇億ドル増やしたのだが、これはじつに思い切った策である。もしニューヨークの銀行まで浮き足立っていたら、すでに混乱していた市場に信用パニックまで起きていただろう。銀行から借りられなくなったら、株価が下がったときに持ち続けることができず、投げ売り状態に拍車がかかったにちがいない。そうならなかったのは銀行のおかげであり、株を持っている人は皆感謝してしかるべきだった。だが銀行に対する称賛の声はすこしも上がらなかった。銀行は果敢に暴落を防ごうとしたが結局は失敗したということしか、人々の記憶には残っていなかった。

逆であれば喜ばしいのだが、じつは人は権力に屈しやすいものである。銀行家が権力を持つとみなされていた間は、その権力が疎まれることは滅多になかった。だがジュリアス・シーザーからベニート・ムッソリーニにいたる多くの独裁者の例をみればわかるように、権力を持っていた人間がそれを失ったり破滅に陥ったりしようものなら、大衆から手ひどい仕打ちを受けることになる。かつての傲岸な振る舞いに対する怒り、そして現在の惨めな姿に対する軽蔑。その餌食にされ、死んだのちもなお幾多の辱めを受けなければならない。

銀行家を襲ったのもまさに同じ運命だった。続く一〇年間、議会の委員会で、法廷で、記者会見で、そしてコメディアンにまで、銀行家は格好の標的にされた。すべて、このときの過大な自負と盛大な失敗のせいである。銀行家というものは、別に人気がなくても一向にかまわない。まともな資本主義社会では、よい銀行家は嫌われておかしくないのだ。人付き合いのいいお調子者に自分の金を預けたいと考える人がいるだろうか。あやしげな人間には融資をきっぱり断る嫌われ者の方が、ずっと信頼が置けるというものである。ただし銀行家たるもの、無能だとか仕事ができないとか頭が悪いなどと思われてはいけない。しかし一九二九年のこのとき、銀行家はまさしくそうみられてしまった。一九〇七年の銀行恐慌でモルガン商会が厳然たる権力を誇示したのとは甚だしい違いである。

とは言え銀行家が失敗しても、創意工夫に富む指導者がいなくなったわけではない。たとえばあのナイトクラブ好きのニューヨーク市長ジェームズ・J・ウォーカーは、二九日火曜日に映画会社の会合に出席し、「国民の心に再び勇気と希望の灯をともすような映画を上映してほしい」と訴えたそうだ。

5

ニューヨーク証券取引所では、数日間市場を閉鎖するのがよいという意見が支配的になっていた。勇気と希望を取り戻すにはこれがいちばんよかろうとの判断である。この考えは日増しに強まり、事務員が家に帰って寝なければならない点を勘案しただけでも、それがよいという結論に傾きつつあった。なにしろ皆もう何日も家に帰っていない。ダウンタウンのホテルは宿泊料が跳ね上がり、金融街のレストランはどこも一五時間、二〇時間営業をしている。市場関係者はもう神経が参りかかっていて、ミスが増えていた。たとえば火曜日の取引が終わった後、ある証券会社では未処理の注文が大量に発見された。すぐやるために取りのけておいたのをすっかり忘れてしまったらしい。[*] そうかと思えばある客の保証金勘定を清算するに当たり、担保株を二度売ってしまった例もある。かなりの数の証券会社が、少し時間をとって確かめないと、破産しているのかまだ大丈夫なのかさえわからなくなっていた。実際にはこの時期に倒産した会員証券会社はない。一社が破産を申告したが、これは疲れ果てた事務員のミスが原因だった。[**]

とは言え市場の閉鎖は重大事である。株が全部紙屑になってしまったと早とちりする輩が出現するかもしれないし、そうなったら何が起きるか見当も付かない。いずれにせよ、証券が直ちに塩漬け状態になるのは確実である。そうなると、まだ全然破産していない投資家が保有証券を現金化する必要や担保として差し入れる必要に迫られたらどうするのか。また、遅かれ早かれ闇市場が出現するとも考えられた。まだ株を買おうという一握りの連中が、そこで個人投資家の株をこっそり買い叩くことになるだろう……。

一九二九年には、ニューヨーク証取の実権を握っていたのは、基本的には会員証券会社

＊前掲書、p.334。
＊＊"The Work of the Stock Exchange in the Panic of 1929" (Boston: June 10, 1930), p.16, 17。これは、リチャード・ホイットニーがボストンの取引所会員証券企業連合で行った講演の記録である。あとで紹介するホイットニーの記述も、この記録によった。

だった。行動規範や不正行為の禁止などごく一般的な規則は別として、証取の活動を大幅に制限するような州や連邦の規則はなく、相当程度の自治が認められている。したがって取引行為に関しては、自ら規則を定め、折に触れて見直し、執行する必要があった。上場申請の承認や、取引所の建物・施設の管理もそこに含まれる。これらの業務の大半は、議会と同じように委員会が受け持ち、各委員会はその方面に通じているとみなされた少数の会員企業によって構成されていた。取引所の閉鎖に関する決定を下すのは、会員四〇社で構成される運営委員会の仕事である。この委員会の招集が漏れただけで、市場に好ましくない影響をおよぼす心配もあった。

それでも、二九日火曜日の正午に運営委員会は開かれた。委員会のメンバーは三々五々目立たないように職場を離れ、いつもの会議室ではなく、株式清算会社の社長室に向かう。そこは、立会場の真下だった。数カ月後に、理事長代行のホイットニーがそのときの様子を生き生きと描写している。「その部屋は、あれほどの人数の会議を開くようにはできていなかった。そのため、委員の大半は立ったままか、テーブルに腰掛けるしかない。会議が進行するにつれ、上の階の混乱ぶりが伝わってきた。数分おきに最新の株価が発表される。発表のたびに、株価は急速に下がる一方だった。出席者の焦燥感は、煙草を吸う動作にも表れていた。煙草に火をつけては一服か二服するともみ消し、せわしなくまた新しい煙草に火をつける。そんな具合だから、狭い部屋はたちまちもうもうと煙が立ちこめ、息苦しくなった」

緊迫した話し合いの末に決まったのは、夜にまた集まるということだけだった。そして夜の会合までに相場は反発し、とりあえずもう一日市場を開くことが決まる。そして翌日になると、別の案が浮上した。長期休業はせずに特別休業日を設け、その後は取引時間を短縮する。この決定は、市場がある程度持ち直したらすぐに実施する、というものである。

だが一方で、閉鎖を望む声も根強かった。ホイットニーの明らかに誇張混じりの表現を借りるなら、その後は「誰の目から見ても市場を開けておく方が望ましいことがはっきりするまで、証取の幹部は狩で追われるウサギのような生活を送った」という。

6

絶体絶命のまさにその瞬間に救いの手がさしのべられる――そんな奇跡の力が、次の日に働いた。依然として取引量は多いものの、株価は目を疑うほどめざましく上がったのである。タイムズ平均は一日で三一ドル上昇。前日下げた分を大きく取り返した。なぜこのような回復が起きたのか、その原因は恐らくこの先もわからずじまいだろう。組織的買い支えのおかげでないことは確かだが、組織的気休め発言の方はある程度功を奏したようだ。二九日の夕刻には、商務次官でフーバー大統領の友人でもあるジュリアス・クライン博士がラジオに登場。経済に関し政府を代表して公式見解を述べる立場から、かつて大統領が言った「経済は基本的に健全である」という発言を改めて引用したうえで、「私がいま強調したいのは、経済活動の主要部分は基本的に健全だということである」と明言している。翌三〇日水曜日にはゴールドマン・サックスのワディル・キャッチングスがヨーロッパから帰国し、経済環境は「疑う余地なく基本的に健全である」と述べた（このときには、ゴールドマン・サックス自身は健全とは言えなくなっていたのだが）。ジャーナリストのアーサー・ブリスベーンは、ハースト紙にこう書いた。「損をしたときには、マルティニーク島プレー山の住民のことを思い浮かべてください。あの人たちは噴火のために家を捨てなければならなかったのです」

一番効果的だったのは、ポカンティコ・ヒルズからのお告げだろう。数十年も公の場で語らなかったジョン・D・ロックフェラーが、公式の声明を発表したのだ。記録を信じるなら、自ら望んでの発言である。ただし、ウォール街の何者かが株式市場についてフーバー大統領に何か言わせようとしても無駄だと悟り、ロックフェラーの発言の方が何にせよよほどましだと気づいた可能性は捨て切れない。ともあれ、ロックフェラーはこう語った。「アメリカ経済の基礎的条件は健全であると信じます。（中略）そこでここ数日ほど、息子と私は健全な株を買っています」。この声明は拍手喝采で迎えられた。もっとも、作家・統計専門家・市場犠牲者を名乗るコメディアンのエディ・キャンターは、後日こう茶化している。「そりゃそうだろう、ほかの誰にそんなカネが残ってるっていうんだ」*

水曜日の奇跡の説明としてウォール街で支持されたのは、こうした口先効果ではなく、前日伝えられた配当情報だった。こちらもある程度組織的だったことはほぼまちがいない。USスチールは特別配当を出すと発表し、アメリカン・カンは特別配当を出すだけでなく普通配当も増やすと述べた。底なし沼と化したウォール街では、こんな具合にときおり差し込む光明が大歓迎されたのである。

ロックフェラーが声明を発表する直前に、証取のホイットニーも公式発表を行っている。市場を一時的に休業しても大丈夫と言えるほどに事態は好転したと判断し、翌木曜日の正午まで休業すること、また金曜日と土曜日は終日休業することを発表した。この発表も歓呼の声で迎えられている。誰も彼ももうすっかり神経をやられていた。シカゴではラサール通りでいた

＊"Caught Short! A Saga of Waiting Wall Street" (New York: Simon and Schuster, 1929), p.31。これは大暴落後に書かれたものである。

ずら小僧が爆竹を破裂させただけで、保証金勘定を清算されたギャングが通りで撃ち合いを始めたという噂が野火のごとく広まったものである。ギャングといえども堅気同様、損はおとなしくあきらめてもらわなければならないというわけで、警察は一大隊を繰り出した。一方ニューヨーク市内のハドソン川からは、株の仲買人の遺体が引き上げられた。ポケットには九ドル四〇セントの小銭と数枚の保証金請求書が入っていたという。

7

一〇月三一日、木曜日。この日は正午から市場が開き、三時間の短い取引時間で出来高は七〇〇万株に達した。株価は再び上昇し、タイムズ平均は二一ドル高となっている。FRBの週報によればブローカーズ・ローン残高はさらに一〇億ドル以上減少し、一週間で最大の減少を記録した。保証金維持率はすでに二五%まで引き下げられている。FRBは公定歩合を現行の六%から五%に引き下げることを決め、各地区連銀も市中金利の緩和と信用供給の目的で、積極的に債券の買いオペを開始した。投機ブームは崩壊したのだから、当初予定していた引き締め策を転換し、機動的な刺激策を導入してよいとの判断である。こうして好ましい予兆が現れる中、取引所は金曜、土曜、日曜と三日連続で閉鎖される。とは言え、これは安息日ではなかった。証券会社では社員が全員出社していたし、取引所の立会場は、未処理の取引を完了し大量の誤処理や誤記を訂正するために開かれていた。金曜日に訪れた見学者は、市場が一時休業中とは思わなかったという記録が残っている。

週末には、悪いニュースが一つもたらされた。資産価値二〇〇〇万ドルを誇るミネアポリスのフォシェイ・グループが土曜日に倒産したという。創業者のウィルバー・B・フォシェイは、一二の州とカナダ、メキシコ、中央アメリカで公益事業を展開するほか、ホテル、製粉所、銀行、工場、小売店などを手当たり次第に買いあさっていた。フォシェイの長年の夢であり同社の象徴的存在であり、そしていまなおミネアポリスの空に堂々とそびえている三二階建てのフォシェイ・タワーは、つい八月に竣工したばかりである。竣工式には当時の陸軍長官ジェームズ・W・グッドが招かれ、タワーを「北西部に出現したワシントン記念塔」だと称えた。*だがその晴れがましいときに既にフォシェイは破綻に瀕していた。それはごく単純な理由からである。フォシェイが生き残れるかどうかは株を売り続けられるかどうかにかかっていたのであり、大暴落でその収入源が絶たれると、すべては終わったのである。もはや当てにでき

＊Investment News（October 16, 1929), p.538。

るのは傘下の企業の利益しかなく、それだけではまったく不十分だった。

これ以外に伝わってくるのは、よいニュースばかりだった。GMの社長アルフレッド・P・スローン・ジュニアは「事業活動は健全である」と述べた。フォードも負けずに自信のほどを示し、全製品を軒並み値下げすると発表している。「事業の好調を維持するにはそれが一番効果的と判断した」との理由からである。そしてロードスターを四五〇ドルから四三五ドルへ、フェートンを四六〇ドルから四四〇ドルへ、チューダー・セダンを五二五ドルから五〇〇ドルへ値下げした。新聞各紙は、市場が閉まっている間に買い注文が引きも切らず入っていると報じた。こうした記事は、何とはなしに一週間前よりは信用できそうだという感じがしたものである。何と言っても市場は二日連続で力強く反発してから閉鎖されたのだ。バロンズ誌が書いたように、株が再び「過ぎ去った希望とロマン」を売ってくれると信じる空気が充満していた。一一月四日月曜日には、コマーシャル・ナショナル・バンク・アンド・トラスト・カンパニーがニューヨーク・タイムズ紙に五段ぶち抜きの広告を出す。「アメリカの経済と事業環境は基本的に健全であり、その基盤を揺るがすような打撃は受けていません。私たちはそう確信しています」

だが見るも無惨な暴落が始まったのは、まさにその月曜日だった。

8

週末の間、金融業界の人々は安心しきっていた。おそらく、自分たちの組織的な気休めにすっかりその気になっていたのだろう。そこで新聞報道によれば、月曜日の市場に驚愕、当惑、衝撃という反応しか示せないことになる。この日、出来高は前週より少ないものの、それでも六〇〇〇万株をゆうに超えた。上場銘柄全体が落ち込み、個別銘柄では大幅に下げるものがあり、タイムズ平均は一日で二二ドル下落している。前週を除くどのときと比べても、これはかなり悪い。そしてこの日に懸けられていた明るい期待を考えれば、これは最悪だった。

原因について、さまざまな説が飛び交った。まず、「組織的買い支え」の連中が株を売っているのだという噂が復活している。そこでモルガンのラモントが登場し、終幕を迎えようとする舞台で報道陣を前にささやかな台詞を述べた――自分にはわからないと言ったのである。どうやら組織的買い支え団はさほどうまく組織されていなかったらしい。だがこれよりも、肝心の個人投資家は週末に浮かれてはいなかったのだという説明の方が納得がいく。週末は、昔もいまも沈思黙考する時間を与えてくれる。そして熟慮の末に出てくるのは悲観論であり、したがって売るという決断になる。だから表面的にいくらよい徴候が現れても、売り注文が大量に出る結果になったのだろう。

この頃には、投資信託が相場の足を引っ張っていることがはっきりした。かつては恒久的に続く高原状態《プラトー》なるものを支え、また暴落を防ぐ相場安定装置とさえ評された投資信託が、下落を加速させていた。つい先日まで大勢が訳知り顔で、それもさも満足気に話題にしていたレバレッジが、いまや全速力で逆方向に作用し、投資信託の普通株から驚くべき速さで価値を奪い取っていく。この過程をわかりやすく説明するために、第三章と同じように小型の典型的な投資信託の例を挙げよう。この会社型投資信託が発行した証券を一般投資家が買い、一〇月初めの時点でその時価は合計一〇〇〇万ドルだったとする。発行した証券の半分は普通株、残り半分は社債と優先株である。またこの時点では、ポートフォリオに組み入れた証券の時価で発行済み証券をカバーできていたとする。つまりポートフォリオに組み込まれた証券の時価は、一〇〇〇万ドルだったとする。

投資信託のごく一般的なポートフォリオは、暴落によって一一月初めに価値が半減している（もっとあとの基準から考えれば、それでも相当な値段だったと言える。たとえば一一月四日の時点ではATTの最安値はまだ二三三ドルだったし、GEは二三四ドル、USスチールも一八三ドルを付けていた）。つまりポートフォリオの価値は五〇〇万ドルとなる。これでは、社債と優先株しかカバーできない。したがって普通株は、価値の裏付けを失ってしまうことになる。唯一残されているのは将来期待だが、それはどうみても輝かしいとは言えないから、もはや普通株には何の価値もない。

この情け容赦ない幾何級数に例外はなく、レバレッジ型投信が発行したすべての普通株に作用した。一一月に入ると、投信株は大半が事実上売却不能になった。しかも悪いことに、たいていの投信株はニューヨーク証取ではなくカーブ取引所や地方の取引所で売買されている。そこでは買い手が少なく、市場の厚みも不足していた。

このときほど多くの人が、このときほど多くの資金を、このときほど緊急に必要としていたことはない。万一「株ですった」という噂が立とうものなら、待ちかまえていた債権者の群れが襲いかかってくる。追い証請求を受けて窮地に陥った投資家は、災難の中から少しでも財産を救うべく、株の一部を売って残りは何とか手放すまいとした。ところがいざ売ろうとすると、投信株にはまともな値段が付かず、そもそもまず売れないことを思い知らされる。となれば、優良銘柄を売るしかない。こうして、USスチール、GM、ATTといった堅実な銘柄が途方もなく大量に投げ売りされていった。それが株価にどんな影響を与えるかは、すでに歴史が存分に明らかにしているところである。かくてすばらしき投資信託ブームは、グレシャムの法則を変則的に立証して終わった――悪い株が良い株を駆逐したのである。

投資信託の資金力が相場安定装置として働くという通説も、幻想であることが明らかになった。秋の初めの段階では、投資信託の現金や流動資産が潤沢であったことはまちがいない。多くの投資信託は、高金利に目がくらんでコールローン市場に資金を供給していた（こうした次第で、投機は閉じたループだったのである。会社型投資信託の株で投機をしていた連中に投機資金を供給していたのは、当の投資信託だった）。ところがレバレッジ効果が逆向きに作用するようになると、投資信託の運用マネジャーにとっては、上場銘柄全体の落ち込みよりも自社株の下落の方がはるかに重大な問題となる。投資信託は互いの株を大量に買っているため、ブルー・リッジの下落はシェナンドーを直撃し、そのシェナンドーの破綻はゴールドマン・サックス・トレーディングにとってさらに大きな打撃となった。

こうなると、投資信託の多くは潤沢な資金を注ぎ込んで自社株を買い支えようと必死になる。けれども、買いが活発なときに自社株買いをするのと、売り一色のときに買うのとではまったく違う。春先にゴールドマン・サックス・トレーディングが自社株買いをしたときは、投資家が買い気にはやっていて株価は天井知らずに上がっていた。だがいまや現金が出ていって株が入ってくるだけで、株価押し上げ効果はほとんどなかったし、あっても長続きしない。半年前にはすばらしいテクニックに見えたものが、自分で自分の首を絞める仕掛けに成り下がっていた。つまるところ、自社株を買うのは、株を売るのと反対の行為である。そして本来的に企業は株を売って大きくなるものだ。

だが、こうしたことがすぐに理解されたわけではない。資産運用に天才的な手腕を発揮してきた人間が、そう簡単に自分の才能に見切りを付けられるはずもなかった。かなりの痛手は被ったがまだへこたれていない天才たちにとって、自社株の買い支えは依然として大胆で効果満点のアイデアであり、緩慢で確実な死を防ぐ唯一の方法と思われたのだった。投資信託の経営陣は、手元資金が許す限り、もはや価値のない自社株を買い続ける。人が他人にだまされる例はめずらしくもないが、一九二九年秋のこのときは、大勢の人が自分で自分をだました。こんなことは恐らくそれまでになかったであろう。

ではそろそろ、暴落の最後の日々に関する記録を書き終えることにしたい。

9

一一月五日、火曜日。この日は選挙のため市場は終日休業した。ニューヨーク市長選挙では、民主党出身の現職ジェームズ・J・ウォーカーが圧倒的勝利を収める。対抗馬である共和党のF・H・ラガーディアは、民主党員から社会主義者呼ばわりされて敗れ去った。ロジャー・

W・バブソンが声明を出し、冷静な判断力を失わないよう、思慮分別と勇気を持ち、古き良き知恵を忘れないよう呼びかけている。翌六日水曜日、市場は再開される。閉鎖を巡る妥協案が前週に成立して立会時間を三時間に短縮することになり、六日はその第一日目だった。三時間の出来高は六〇〇万株で、一日分に換算すれば一〇〇〇万株に相当する。この日も株価は下落し、投資家に胃の痛む思いをさせた。USスチールは一八一ドルから始まり、ある新聞曰く「熱病にかかったようなふらふらした下げ」が続いて一六五ドルまで下げた。オーバーン・オートモビルは六六ドル、オーティス・エレベーターは四五ドル下落。タイムズ平均は三七ドル下がったが、これは八日前の二九日火曜日に次ぐ下落幅である。いったいいつになったら終わるのか……。

　そのうえ市場の外からもいやなニュースが舞い込む。どうやらファンダメンタルズが悪化し始めたようだった。週間の貨物輸送量が前年同期比で大幅に減少。鉄鋼業の設備稼働率も前週比で大きく下がった。さらに重大なのは、商品相場まで暴落癖を示すようになったことである。それまで商品価格は株価に同調して動いていたのだが、この水曜日には株とは無関係に下がるようになった。綿花は過去数週間で最大の売り買いが飛び交う中、急落する。小麦も正午近くに棒下げを演じ、「パニック」という言葉が囁かれるようになった。

七日木曜日には株価は落ち着き、いくらか戻したが、八日金曜日には若干下がった。そして再び沈思黙考の週末がやってくる。今度ばかりは買い注文が次々に入っているなどという景気のいいニュースはなく、それどころかよいニュースと呼べるようなものはほとんどなかった。一一月一一日月曜日はまたもや大幅な下げを記録し、続く二日間、立会時間の短縮が続く中、取引量は膨らみ株価はさらに下がった。一一日から一三日までの三日間で、タイムズ平均は五〇ドル下落している。

この数日は、大暴落の期間中でまちがいなく最も陰鬱な日々であった。組織的な買い支えはとうに姿を消し、この頃には組織的な気休め発言も放棄されている。となれば、せいぜい皮肉なユーモアにでも紛らわすしかない。電報通信のウェスタン・ユニオンがその週に発送した保証金請求書には、こんなシールが貼り付けてあったという。「感謝祭の祝電と一緒にお支払いを。これがいまのアメリカの新しいスタイルです」。ダウンタウンのホテルのフロント係は、ベッドをご利用ですか、それとも窓ですか、と客に尋ねたそうな。そしてホテル・リッツの高層階からは男性が二人飛び降り自殺したとか——共同勘定を運用していたから、手に手を取って。ウォールストリート・ジャーナル紙は、聖書をもじって教訓を垂れた。「まこと汝らに告ぐ。市場を恐れよ。恐れを汝らの生活の掟とし、株を避け債券を奨める声にこそ耳を傾けるべし」。ニューヨーク・タイムズ紙の金融担当編集主任は、この頃には予想通りの暴落発生に満足するのを通り越して、いささか行き過ぎだと感じていたらしい。こんなことを言っている。「われわれの世代の人間は、もう生きている間には『健全』云々という言葉を使うまい。さまざまな徴候から察するに、この言葉はもはや死語と化したようだ」

第7章

暴落後の日々 1

Aftermath I

暗黒の木曜日に続く一週間かそこらというもの、ロンドンの大衆紙は、ニューヨークのダウンタウンの様子をおもしろおかしく書き立てた。相場師が次から次へと窓から身を投げ、通行人は死体をよけるのに苦労しながら歩いている、といった類である。エコノミスト誌のアメリカ特派員はこの手のいい加減なでっちあげに憤慨し、抗議の記事を書いたほどだ。

大暴落直後にアメリカで自殺が急増したというのは一九二九年伝説の一部となっているが、これは事実無根である。自殺死亡率は実際にはその数年前から徐々に上がっていたのだし、二九年もこの傾向は続いたが、それよりも三〇年、三一年、三二年の方が上昇のペースは速い。この三年間は、どうやら株以外に人々が世をはかなむ原因が多かったとみえる。それではアメリカ全体ではなく、株式市場に近いという特殊事情からとくに自殺に走りやすいように思われるニューヨーク市の統計はどうだろうか。こちらも、国全体とさして変わらない推移を示していることがわかる。にもかかわらず自殺急増説がすっかり定着していることを考えると、一度くわしく数字をみておく価値はあるかもしれない。次の表をご覧いただきたい。

人口１万人当たりの自殺死亡者数（1925～34年）

年	米国全土（＊）	ニューヨーク市
1925年	12.1	14.4
1926年	12.8	13.7
1927年	13.3	15.7
1928年	13.6	15.7
1929年	14.0	17.0
1930年	15.7	18.7
1931年	16.8	19.7
1932年	17.4	21.3
1933年	15.9	18.5
1934年	14.9	17.0

＊厳密には死因報告が行われる地域だが、これはほぼ全土におよぶ。
資料：Vital Statistics: Special Reports, 1-45, 1935 (Washington: Department of Commerce, Bureau of the Census, 1937)。

大暴落が起きたのは一九二九年の一〇月末だから、それ以降に自殺が急増しても二九年全体の数字には影響が現れなかった可能性がある。そこで、二九年については月別のデータがあるので、そちらを見てみよう。* それによると、一〇月と一一月の自殺者数は比較的少ないのである。具体的には、一〇月は一三三二人、一一月は一三四四人である。二九年で一〇月、一一月より自殺者数が少ない月は一月、二月、九月だけで、市場が活況を呈していた夏の間の方が自殺者数ははるかに多かった。

ではなぜ自殺急増説が定着したのだろう。ここから先は憶測の域を出ないのであるが、こういうことではないか。破滅した相場師というものは、アルコール中毒患者や博奕打ち同様、自殺に走りやすいと考えられている。このため、全財産を失った相場師が続々と出現するような状況では、新聞も一般市民もつい自殺と結びつけるということがあったかもしれない。あるいは、通常であれば「なぜ自殺などしたのだろう」と疑問に思うようなケースであっても、暴落後だったがために当たり前のように「かわいそうに、株ですってしまったのだ」と考えたかもしれない。もう一つ、こういうことは言える。自殺は、大暴落のあった月にも、一九二九年

＊本書のために調査の労を執ってくださった保険・教育・厚生省統計局のみなさんに感謝する。数字は、"Mortality Statistics, 1929" (Washington: Department of Commerce, Bureau of the Census) による。

を通してみても大幅に増えてはいないが、これに続く大恐慌の間には自殺死亡率が上昇した。そこで人々の記憶の中で一、二年のずれが生じ、自殺が増えたのは大暴落の直後だったということになったのかもしれない。

さまざまな資料をみると、メディアにも一般市民にも自殺を短絡的に株と結びつける傾向があったらしいことがうかがわれる。株の大損に潔くカタを付けた、とみなしたわけだ。それにまた、何かと市場絡みにみえる自殺がずいぶんと多かったのである。暗黒の木曜日の直後から、いたましい自殺の記事が頻繁に紙面に登場するようになった。ここで興味深いのは、これまた伝説に反して、この頃に身投げという古典的な方法を選んだ人はほとんどいなかったことである。スクールキル川に身を投げた人はいた――ただし落ちた瞬間に気を変え、助け上げられた。ロチェスター・ガス・アンド・エレクトリックの社長はガス自殺した。ガソリンで焼身自殺した人もいる。この人は追い証請求から免れただけでなく、妻まで道連れにした。そして、ジェームズ・J・リオーダンはピストル自殺した。

リオーダンの死を、一一月一〇日日曜日の新聞は大見出しで報じている。死亡そのものはもちろん、発表の仕方にもどこかきな臭いところがあると嗅ぎつけたためだ。リオーダンは、ニューヨークの民主党員の間では顔が広く人気もある人物だった。ニューヨーク市長ウォーカーの選挙戦や大統領候補アル・スミスの選挙戦では資金調達を担当したこともある。リオーダンとスミスは友人であり同僚でもあった。リオーダンは、スミスが取締役を務める新設の銀行カウンティ・トラストの社長だったのである。

リオーダンが死んだのは一一月八日金曜日である。銀行窓口に備え付けてあったピストルを家に持ち帰り自殺した。知らせを受けたスミスは悲嘆に暮れながらも、訃報が広まれば銀行にとって深刻な事態になりかねないことは忘れなかった。検察医が呼ばれたが、公表は土曜日の正午、すなわち銀行が週末の休みに入るまで控えられている。通夜に訪れた大物たちは、片目で柩を、片目で時計をにらみながら長い夜を過ごしたにちがいない。

当初、検察医は、カウンティ・トラストに取り付け騒ぎが起きることを懸念して公表を延期したとほのめかした。これは、驚くべき裁量的判断と言わざるを得ない。こうなるとどんな死亡の場合でも、検察医は金融への波及効果を考慮しなければならないことになる。のちにアル・スミスの差し金だったことが暗黙の了解となったが、スミスの地位の高さと当時の神経質な世相に配慮したのか、表立った非難はされなかった。

死に先立つ数日間、リオーダンは暴落で深手を負ったという噂が絶えなかった。そこで死者の名誉を守るべく友人たちが立ち上がり、中にはリオーダンは株を買ったこともなかったなど主張する者もいた。その後上院の委員会が調査を行った結果、リオーダンが株取引に深く関与していたことが判明するが、急遽実施された銀行の監査では預金は安全と確認されている。この事実が週末に大々的に報道され、これを受けて市当局は厚かましくも、引き続きカウンティ・トラストに預けると発表した。これでは市はこの先も利権族とお友達だと宣言したようなものと言わざるを得ない。カウンティ・トラストの会長にはとりあえず例のジョン・J・ラスコブが就任し、結局取り付け騒ぎは起きずに済んでいる。教会はカトリック教徒のリオーダンが一時的に錯乱状態にあったと判断し、自殺であっても教会の墓所に葬って差し支えないと結論する。柩を担う名誉ある役は、アル・スミス、後のニューヨーク州知事で当時は副知事だったハーバート・リーマン、ラスコブら錚々たる顔ぶれだった。会葬者の列には、ニュージャージー州ジャージー市長フランク・ハーグ、億万長者で慈善家のヴィンセント・アスター、ニューヨーク市の公式広報官を務めるグローバー・ワーレン、ルーズベルトの懐刀と言われるジェームズ・A・ファーレー、大物相場師のマイケル・J・ミーハンなどの姿も見えた。

二年半後の一九三二年三月一二日土曜日には、あのスウェーデンのマッチ王アイバー・クロイゲルがパリのアパートメントでピストル自殺する。時刻は午前一一時で、ニューヨーク市場が閉まる六時間前だった。パリ市警の協力を得て、市場が閉まる時間まで死亡は伏せられた。のちにこれを知った米議会の委員会から厳しく糾弾されたとき、関係者はリオーダン自殺の際にアル・スミスがとった措置を引き合いに出して抗弁している。もっともパリ市警の機密保持は万全ではなかった。その日の午前のうちに、クロイゲル・アンド・トールの株が空売りも含め大量に売られたことは、ほぼ確実である。*

2

大暴落は、自殺よりも横領に与えた影響の方がいろいろな意味で大きかったと言える。経済学者の目から見ると、横領というのはなかなか興味深い犯罪である。と言うのも、数ある窃盗罪の中で、横領だけは時間の要素を伴うからだ。つまり横領着服してから露見するまでに、数週間、数カ月、どうかすると数年が経過する（ちなみにこの期間は、横領した側がうまうまと利益を手にする一方、ふしぎなことに横領された側は損に気づかない期間である。したがってこの期間中、

＊ "Stock Exchange Practices", January 1933, Pt. 4, p.1214 ff。金曜と土曜に大量売りがあったが、当時の取引所の記録では、金曜日と土曜日が分離表記されていない。クロイゲル・アンド・トールの米国人取締役ドナルド・デュラントは自殺当日パリにおり、自分が共同経営者であるリー・ヒギンソン・アンド・カンパニーにニュースを打電した。リー・ヒギンソンは投資銀行で、アメリカでクロイゲルのために証券投資業務を担当していたが、同行は忠実に箝口令を守り、この情報に基づく投資を禁じたようだ。前掲書、p.1215-16。

心理的には資産は純増したことになる）。一国の企業や銀行の資産をある時点で取り出してみたら、その中には（正確には「中」とは言えまいが）秘められた横領がどっさり存在するにちがいない。この未発覚横領とでも言うべき代物は、どんなときでもゆうに数百万ドルには達するはずだ。その規模は、景気循環と共に変化する。好況期には、とかく人間は気がゆるみ人を信じやすくなる。カネも潤沢だ。とは言えカネというものは十分すぎるということはないのであって、どんなときでももっと欲しがる輩が後を絶たない。こうした状況では横領の件数は増え、発覚する確率は下がる。したがって未発覚横領は急増する。不況期にはこれとまったく逆になり、誰もが厳しい疑いの眼でカネの行方を監視する。カネを扱う者は、大げさに言えば身の潔白を証明できるまで盗人扱いだ。綿密な監査が徹底的に実施され、商業道徳は飛躍的に高まり、したがって未発覚横領は減ることになる。

株ブームとそれに続く大暴落は、通常のこの関係を増幅する役割を果たした。家や家族や浪費のためにカネがいるのはいつものことだが、そのうえに株を買い保証金を積むための資金が必要になったのである。これは従来はなかった資金需要であり、それも大量の需要だった。資金はひどくだぶついているし、誰もがひどく人を信じやすくなっている。おまけに銀行の経営者自身が、クロイゲルだのホプソンだのインサルだのを信じ切っているのだ。そういう人間が、長年尽くしてきた勤勉な出納係をどうして疑うことができようか。という次第で、二〇年代後半には未発覚横領が飛躍的に膨らんだ。

株ブームが横領の増加を加速させたのと同じ理屈で、暴落は悪事が発覚する率を飛躍的に押し上げた。暴落からわずか数日で、言わば万人を信じていた世の中が、万人を疑うように変わったからである。監査が命じられ、不自然な行動や常ならぬ態度は鵜の目鷹の目でチェックされた。それに何より株価が急落した結果、着服した公金で相場を張っていた社員は、カネをこっそり元に戻すことができなくなる。となれば、白状せざるを得ない。

暴落から一週間経つか経たないかのうちに、横領罪を犯した社員の記事が毎日のように紙面を賑わせるようになる。自殺よりもこちらの方がはるかに多かった。日によっては横領の記事が目白押しで、ニューヨーク・タイムズ紙の一つか二つの欄を占領してしまったほどである。巨額の横領もあればささやかな横領もあり、都会でも地方でも東でも西でも横領が発生した。

当時最も人目を引いた横領事件は、ミシガン州フリントのユニオン・インダストリアル・バンクで起きたものである。これはリオーダンの自殺に劣らぬ注目を集めた。着服総額は、調査が進むにつれて驚くべき規模に達する。リテラリー・ダイジェスト誌が同年末に発表した数字では、推定三五九万二〇〇〇ドルということだった。*

当初は個人的な着服だった。何人かの幹部社員が、てんでに銀行のカネを懐に入れ始めたのである。やがて互いに同類がいることに気づくが、まさか相手を告発するわけにもいかず、結局は手を組むようになる。最終的には十数人がこの集団犯罪に加担し、あろうことか、銀行の主立った幹部ほぼ全員が参画するというありさまになった。実によくできた組織で、監査官が地元のホテルに到着した途端、メンバー全員がそれを知っていたという。

着服したカネの大半は、もともとはニューヨークのコールローン市場で貸し出す目的でミシガンの銀行に預け入れられた資金だった。一味はこの資金を一旦はニューヨークへ送金。帳簿上は所定の手続きにより送金済みということになっているが、実はすぐ密かに逆送金し、それを改めてニューヨークに送って株に注ぎ込むという仕掛けだった。一九二九年春の時点では、一味の株投資は一〇万ドルの利益が上がっていた。だがちょうど相場が急騰しようというとき、不幸にも下落を見込んで空売りに出てしまう。この大損で懲りた一同は、今度は買いポジションに戻したのだが、これが折悪しく大暴落の直前だった。大暴落で息の根を止められたことは言うまでもない。

この年の秋は毎週のように、こうした不運な連中がみじめな姿をさらすことになった。そのほとんどは小物であり、すこしばかり株に手を出しているうちに深みにはまるというパターンである。やがてもっと大物も仲間入りするようになった。クロイゲル、ホプソン、インサルらが他人のカネで投機をしていた事実は、大暴落があり、それに続いてあらゆる資産の価値が大幅に下落したからこそ、露見したのである。万一将来アメリカ経済で完全雇用と繁栄が実現することがあったら、そのときは、企業は監査人によほどしっかり仕事をさせなければならない。不況も悪いことばかりではないのであって、その効用の一つに、監査人が見過ごした悪事を暴くということが挙げられる。ウォルター・バジョットはかつてこう言った。「重大な危機が起きるたびに、誰も想像だにしていなかった過剰な投機が多くの企業で発覚する」**

3

一九二九年一一月半ばに、ようやくにして株は下げ止まる――少なくとも当面は。タイムズ平均は一一月一三日水曜日に二二四ドルで引け、これにてひとまず底を打った。九月三日には四五二ドルだったのだから、ほぼ五〇%落ち込んだことになる。二週間前の水曜日と比べて

* December 7, 1929。
** "Lombard Street", p.150。

も、八二ドル、ほぼ二五％の下落だった。その水曜日はジョン・D・ロックフェラーが息子共々株を買っていると発言した日だが、一一月一三日のこの水曜日にも、ロックフェラーはちょっとした波紋を投げかけた。ニュージャージー・スタンダード石油の株を五〇ドルに維持するために、ロックフェラー一族が一〇〇万ドルの買い注文を入れたという噂が流れたのである。その後、一一月後半から一二月にかけて、株価はゆるやかな上昇曲線を描いた。

相場は自律的に落ち込みから回復したと言える。ただし下げ止まった時期は関係者が最後の努力をした時期と一致しており、そちらも少しは効果があったと考えてよかろう。その一つは、ニューヨーク証券取引所が空売りの調査を行うと発表したことである。下げ相場ではありがちなことだが、数週間前から市場では、意図的な下落を狙った売り崩しが行われており空売りで大儲けをしている連中がいるとの噂が飛び交っていた。かつては上げ相場の仕掛人としてありがたがられていた大物連中が、今度は悪賢くも下げを演出し、大勢の不運を尻目に一儲けしているという。大暴落のはじめ頃にも同様のことがあり、そのときはジェシー・L・リバモアが槍玉に挙げられた。ボストン出身のこの天才的相場師は、売り操作にかけてはたいそうな評判を得ており、シンジケートを結成して相場を奈落に叩き込んだのだと多くの人が信じたのである。この噂がいつまで経っても消えないものだから、世評など一向に気にしないはずのリバモアもついに公式声明を出し、市場操作の陰謀に加わったことはないと明言した。「私は株式市場でささやかな取引をしているが、これはあくまで個人でやっているものである。これまでもそうだったし、今後もそのつもりだ」。遡れば大暴落当日の一〇月二四日の段階で、ウォールストリート・ジャーナル紙は「空売り、投げ売り、売り崩しが横行している」と指摘している。あの頃の同紙は、市場に対していまよりだいぶ無遠慮であったらしい。ともあれこうした根強い疑惑を放ってはおけず、証取はついに疑惑一掃に乗り出したわけである。しかし結局、何もあやしい証拠は見つからなかった。

最後の努力の中で特筆すべきは、フーバー大統領がとった措置である。おそらく大統領は、株式市場がどうなろうと相変わらず気にしていなかっただろう。だが、大丈夫と言われ続けてきたファンダメンタルズが毎週のように悪化するとなれば、話は別である。商品価格は下落し、貨物輸送量、銑鉄・鉄鋼生産量、石炭産出量、自動車生産台数は軒並み減少。当然の結果として鉱工業生産指数も下がった。それも、一九二〇～二一年の戦後不況期よりもはるかに急激に下がったのである。個人消費が減退し、贅沢品の売り上げがとくに落ち込んでいるといった不景気な話も出始めていた。大暴落以来、ニューヨークではラジオの販売台数が半減したという。

そこで大統領が第一に講じたのは、ジョン・メイナード・ケインズの後期の著作からとってきたような施策だった。ケインズだったら、あるいはケインズ派の学者だったらアドバイスしたにちがいないこと、すなわち減税を行ったのである。個人所得税、法人税共に税率をまる一％引き下げた。これで、年間所得四〇〇〇ドルで扶養家族がいない世帯主は、所得税がそれまでの三分の一になる。所得が五〇〇〇ドルでもほぼ同じである。所得一万ドルで配偶者がおり扶養家族がいなければ、所得税は従来の約半分になる。なんと大幅な減税だろうか。だが悲しいかな、せっかくの大幅減税も、大方の人にとってさほどありがたいものではなかった。減らされる税金そのものが、もともとたいした額ではなかったからである。所得が四〇〇〇ドルの場合、所得税額は五・六三ドルから一・八八ドルに、五〇〇〇ドルなら一六・八八ドルから五・六三ドルに、一万ドルなら一二〇ドルから六五ドルになるだけだ。それでもこの措置は、個人の購買力を高め、設備投資を増やし、景気信頼感を回復させるとして歓迎された。

大統領のとった措置はこれだけではない。経済の実態を検討する目的で、次々に会議も開いている。製造、鉄道、公益、建設業界から大手企業の経営者が、また労働組合の幹部が、さらには農業団体の代表が一一月後半に入れ替わり立ち替わり招集され、大統領と話し合った。どの会議も、手順はすっかり同じである。まずは大統領と重々しく話し合う。次に大統領と記念写真を撮る。しかるのちに記者会見を開き、出席者は業界の展望について意見を述べるという段取りだった。会見では一人の例外もなく明るい展望を語っている。たとえば製造業の経営者が呼ばれたのは一一月二一日で、ヘンリー・フォード、スタンダード石油のウォルター・ティーグル、ラジオ・コーポレーション・オブ・アメリカのオーウェン・D・ヤング、GMのアルフレッド・P・スローン・ジュニア、ピエール・デュポン、ATTのウォルター・ギフォード、そして財務長官のアンドリュー・メロンらが顔をそろえた。このとき皆が示す自信があまりに強固なものだから、同席していたシアーズ・ローバックのジュリアス・ローゼンワルドなどは、早晩労働力不足が起きるのではないかと心配したほどである。

公益、鉄道、建設業の経営者も負けず劣らず楽観的だった。農業団体の幹部でさえ、日頃の悲観論は手控えていたようである。会見での発言によれば、「ここ数年に比べ農家の雰囲気は明るい」と大統領に報告したという。*

これは、景気を刺激するための組織的な気休めだったと言えよう。これに応えて、当時としては最大級に景気のいい記事も現れた。たとえばウォール街のある金融記者は、一連の会議

＊Magazine of Wall Street (December 14, 1929), p.264。これに続くフォッシュ元帥とマルヌ会戦についての記述も同誌によった。

についてこう書いている。「第一次世界大戦末期、英仏両軍が合同軍に編成され、フォッシュ元帥が総司令官に任命された。『無敵の勇士たち、結集せよ』とは、マルヌ会戦に際して元帥が全軍に呼びかけた言葉である。（中略）そしていま、大暴落に続いて国中に悲観論が蔓延する中、フーバー大統領は『無敵の企業戦士たち、結集せよ』と呼びかけたのだ」。フィラデルフィア・レコード紙は、「政治工学」という近代科学における最も有能な人物としてすぐに思い浮かぶのはフーバー大統領であると評した。そしてボストン・グローブ紙は、「ホワイトハウスにいるのは運命論者ではない。運命は自ら変えられるとの信念を持つ人間である」ことを国民はいま知ったのだと述べた。*

4

とは言え、フーバー大統領が組織的気休めににだけ腐心していたと考えるのは、大いなる過小評価と言うべきだろう。大統領は、もっとほかのこともしていた。それは、アメリカ人の暮らしの中ではるか昔から存在し、大切な役割を果たしているにもかかわらず不幸にもあまり理解されていない儀式、すなわち何かをするためでなく、何もしないために開く集まりである。これは現代でもさかんに行われている。この儀式について、ここですこし考えてみるのも悪くはあるまい。

　仕事をしているときは、いろいろな理由から集まる必要が出てくる。指図を受ける、相手を説得する、手順について同意する、等々だ。仲間と一緒の方がよい考えが浮かぶとか、一人で考えるよりは楽しい、という理由もあるだろう。だが、仕事をするためでなく集まる理由というのも多々ある。話し相手を見つけるとか、一人の退屈を紛らわすとかいった理由である。ひとつ議長を務めてみたいから自分が仕切れる会議を招集してやろう、ということもあるかもしれない。さらに、やるべき仕事があるからではなくて、やるべき仕事をやっているという印象を与えるために開く会合というものもある。こうなると、何かをするために集まるのではなく、集まること自体が目的になる。

　何もしないための集まりで何もしなくても、出席者にとっては別に不面目ではない。そういう集まりでも、しかるべき理由は用意されている。たとえばこの手の会議の熱烈な信奉者である学者連中は、意見交換というお題目が大好きだ。学者にとって意見を交換するのは絶対的によいことであり、したがって、意見が交換される集まりはすべてよいということになる。こ

＊いずれも、The Literary Digest（November 30, 1929）による。

の理屈はほぼ完璧と言えよう。なぜなら、意見が全然交換されない会議など、まずないからである。

セールスマンを筆頭に営業や接客をする人種も、無目的の集まりを頻繁に実行している。彼らの理由付けは学者先生とはちがい、かなり精神的な色合いが濃い。友情を温め、与太話や悪口を言い合い、アルコールで活を入れ、大言壮語して憂さを晴らせば、明日の仕事に一段と精を出す気になるという理屈である。日々の暮らしは充実し、続く数週間、数カ月は売上げも伸びるのだから、会合に経費をかける価値は十分にあるというものだ。

さて経営者が集まる無目的の会合の場合には、この人たちは産業界の重鎮だという威圧感を利用して、セールスマンなどとはまったくちがうことが集まる理由になる。意見交換でもないし、仲間意識の高揚でもない。大物が一堂に会するという厳粛な事実こそが会合に意味を与えるのである。たとえ重要な発言が一つもなく、重要な決定が何も下されなくても、重要な人物が集まるだけで重要な会合だという印象が生まれる。大企業のトップが口にすれば、月並みな発言でも立派な声明であり、中身の乏しさは背後にある資産の力が十分埋め合わせてくれる。

一九二九年の秋にフーバー大統領が直面した状況にあっては、こうした無目的の会議はうってつけの小道具だった。わずかばかりの減税を除けば、進行する不況に対して大胆な手を打つことを大統領が避けたがっていたのは明白である——それに、そもそも当時何かできたかは大いに疑問だ。とは言えあの頃には、もう自由放任《レッセフェール》はだいぶ人気がなくなっていた。責任ある政治指導者の立場としては、うかつに市場に任すなどと言っていられなくなったのである。そこで絶好の隠れ蓑になったのが無目的会議だった。ホワイトハウスでたびたび開かれたこうした会議は、実際には自由放任にほかならない。しかも何も具体的な行動につながらなくても、会議を開くこと自体が実に重々しい行動として印象づけられる。何もしない会議という約束なのだから、何もしなくても出席者は一向に当惑しない。会議の重要性とはすなわち出席者の重要性であることを皆心得ている。新聞も、会議の重要性を強調するのに一役買った。言うまでもなく、そうしないと会議のニュース価値がはなはだ下がってしまうからである。

　最近ではホワイトハウスの会議に知事、実業家、各界代表、労働組合、農業団体などさまざまな実力者が招集されるようになり、一種の制度と化した感がある。民主政治を安定して運営するためには、何もできないときでも何かやっているとみせかける装置が必要なのであり、フーバー大統領は一九二九年に、行政のこの方面で先駆者になったと言えよう。

　恐慌が深刻化するにつれ、フーバー大統領の会議は役に立たなかったと言われるようになる。が、これは、会議の本質を理解していない見方と言わざるを得ない。

5

一九三〇年の一月、二月、三月に株式市場は大幅な回復を示す。しかし四月には勢いが鈍り、六月には再び大幅に落ち込む。その後はごく一時的な例外を除き、市場は毎週、毎月、毎年下落に次ぐ下落を演じ、それが三二年六月まで続いた。ようやく底を打ったときには、大暴落当時の最安値がなつかしくなるほどだった。あのとき最安値を記録したのは二九年一一月一三日で、タイムズ平均が二二四ドルだったのを覚えておられるだろうか。それが、三二年七月八日には五八ドルになっていた。あの年の一〇月二八日には、これに近い数字がたった一日で一気に吹き飛んだことを考えると、いかに低い水準かがおわかりいただけよう。ニュージャージー・スタンダード石油は、二九年一一月一三日にロックフェラーが五〇ドルに維持しようと躍起になった銘柄だが、三二年四月に二〇ドルを割り込み、七月八日には二四ドルだった。USスチールは、二九年九月三日には二六二ドルを付けていたが、三二年七月八日には二二ドルまで落ち込んでいる。GMは、七三ドルだったのが、わずか八ドル。モンゴメリー・ウォードは一三八ドルから四ドル、ATTは三〇四ドルから七二ドルへ。銅鉱山のアナコンダもたった四ドルになっていた。「銅関連株はあまりに低水準のため、値動きがあってもさしたる影響はない」とコマーシャル・アンド・フィナンシャル・クロニクル紙は書いている。*

それでも相対的にみれば、こうした大型株はまだそれなりの水準を保っていた。はるかに悲惨だったのが、投資信託株である。ブルー・リッジは、三二年七月八日に終わる週に六三セント（ドルではない）を付けた。シェナンドーは五〇セントである。ユナイテッド・ファウンダーズとアメリカン・ファウンダーズは、二九年九月三日の時点ではそれぞれ七〇ドルと一一七ドルだったが、いずれも五〇セント近辺まで落ち込んだ。二九年一一月には投信株が紙屑になると囁かれたものだが、その恐れがほぼ現実になりつつあった。

もはや誰も、基礎的要因であれ、一時的要因であれ、経済や産業が健全だなどとは口にしなくなっていた。三二年七月八日に終わる週に発行されたアイアン・エイジ誌によれば、鉄鋼業の設備稼働率は一二%まで落ち込んだという。これは、過去最悪の記録と考えられる。銑鉄生産量は、一八九六年以来最低の水準となった。そして七月八日のニューヨーク証取の出来高は、わずか七二万二七八株だった。

*July 9, 1932。

こうした事態に立ち至るまでには、景気づけの気休め発言がさんざん行われている。大暴落の直後には、フーバー大統領は「個人的な経験によれば（中略）経済が混乱しているときに言葉はたいして役に立たないものである」と賢い発言をしていたのだが、どうもその後にこの不変の真理を忘れてしまったらしい。二九年一二月には、政府のとった措置（もちろんホワイトハウスの無目的会議が中心である）により「景気信頼感は回復した」と議会で述べた。翌三〇年三月には、政府高官が次々に楽観的な見解を披露したのに続き、大暴落に伴う雇用への悪影響は二カ月以内に収まるとの見通しを示している。さらに同年五月には、「いまや最悪の時期は過ぎた。今後の一層の協力により、景気は速やかに回復する」と発言。五月末には、経済活動は秋までに正常化すると断言した。*

だが何と言ってもきわめつけは、共和党全国委員会の委員長シメオン・D・フェスの一言だろう。

「株式市場を利用して政府の信用を失墜させる陰謀が進行中ではないかと、共和党幹部は考え始めている。政府高官が明るい景気見通しを発表するたびに株価が下がるのは、そのせいにちがいない」**

＊Frederick Lewis Allen "Only Yesterday", p.340-41。

＊＊"New York World" (October 15, 1950) から Edward Angly が "Oh, Yeah!" p.27 で引用したものによった。

第8章

暴落後の日々 2

Aftermath II

大暴落で大勢のアメリカ人は財産を失った。しかし社会的地位の高い人にとっては、財産よりも名誉を失ったことの方がはるかに痛手だったにちがいない。知性や先見性に対するかつての信頼が、一気に失われた。さらに不幸なことに、嘘つきだという烙印まで押されてしまったのである。

　とは言え、大暴落の最中に経済は「基本的に健全だ」と言った人たちまでが責任を問われることはなかった。現在に劣らずあのときも、あれは単なるお題目であって、ほんとうに健全かどうかなどわかるはずがないと世間は見抜いていたからだ。ただし、フーバー大統領だけはそうはいかなかった。回復は真近だと言い続けた結果として大統領本人も苦しんだことはまちがいない。だが、ただの景気づけのお題目を政策の柱に据えてしまったからには、それが政治批判の対象になっても致し方あるまい。

学者は一段と困ったことになった。学者がさほど賢くないことを知って、世間は意地悪く喜んだからである。ローレンス氏はプリンストン大学から姿をくらまし、経済学界で氏の言葉を聞くことは二度となくなった。

ハーバード経済学会は、大暴落の年の夏までは評判に値した。その時点までは景気が後退局面に入ってもおかしくないと悲観論を唱えていたことを、読者も覚えておられるだろう。しかし夏になっても株価が高止まりし景気は盤石とみえたものだから、ついに悲観論を捨ててしまう。そして大暴落直後の一一月二日には、「現在の株価と景気の落ち込みは、大規模な不況の前兆ではない」と結論を下した。一一月一〇日には、「一九二〇〜二一年のような深刻な不況が起きる確率は無視できる程度に過ぎない」との有名な景気見通しを発表。同月二三日にもこれを繰り返す。そして一二月二一日には翌年の予想として「不況が起きる可能性はない。景気は来春には回復し、秋には一段と改善する」と述べた。年が替わって一九三〇年一月一八日の発言は「景気後退の最も深刻な時期は終わった」。三月一日は「これまでの景気収縮から判断する限り、製造業では本格的な回復が始まっている」。同月二二日は「見通しは引き続き良好」。同じく二九日は「見通しは良好」。四月一九日は「当会の一一月・一二月の月報で予想した春の景気回復は、五月か六月には実現するだろう」。五月一七日は「景気は今月か来月に回復し、七～九月期には本格的な立ち直りを示し、年末には例年の水準を大幅に上回る」。同月二四日は「現状を見る限り五月一七日の予想は正しかったと言える」。六月二一日は「現状ではいくらか通常と異なる点もみられるが、すぐに改善されよう」。同月二八日は「通常と異なる動きもいずれ解消し、すぐに持続的な回復が訪れよう」。七月一九日は「例外的な問題が発生して回復が遅れているが、データは景気の大幅改善を示している」。八月三〇日は「現在の恐慌は勢いを失いつつある」。このあたりから経済学会はだいぶ元気を失う。三〇年一一月一五日は「現在は景気後退局面の終わりに近づきつつある」。一年後の三一年一〇月三一日は「景気低迷が続いているが、現在の水準でこれを安定させることは明らかに可能である」*。この最後の発言ですら、ひどく楽観的と言うほかない。その後ほどなく、ハーバード経済学会は誤りを犯さないという評判は消え失せる。会は解散し、経済学者は将来予想をやめ、かつての慎み深さを取り戻した。

*引用は、その日の Weekly Letters によった。

そしてアービング・フィッシャー教授である。教授は誤りを犯した理由を何とか説明しようと試み、一九二九年一一月初めには、すべてが不合理であったので予測可能な範囲を逸脱していたと弁解した。そしていささか支離滅裂ながら、次のように述べている。「すべてはパニック心理が原因である。群集心理が働いたのであって、決して株価が健全な水準を超えていたのではない。市場の暴落の主因は投資家心理にある。心理的な落ち込みから相場は落ち込んだのだ*」。この説明はほとんど世間の注意を引かなかったが、コマーシャル・アンド・フィナンシャル・クロニクル誌の編集長だけが噛みついた。「あの大教授は、毎度のことながら、株式市場についてまたもや誤った発言をしている」とばっさり切って捨てたのだ。それに「群集」が自ら売ったわけではない、担保株が売り払われたのだ、と編集長は付け加えている。

年が明ける前に、教授は著作でも再び説明を試みた。『株式市場の暴落とその後**』がそれである。この中で教授は、株価水準はいくらか下がりはしたが依然として高原状態《プラトー》を維持していると主張。その時点では確かにそのとおりだった。さらに教授は、こうも述べている。「大暴落は規模の大きな事故に過ぎず、それまでの株価の上昇は「十分裏付けのある健全な収益予想に基づいていた」。禁酒法は企業の生産性と利益率を高めるうえでいまなお有効であり、「少なくとも近い将来に関する限り、展望はきわめて明るい」。この本もほとんど注目されなかった。

予言を外した予言者はみじめである。外した理由を説明したくとも、その大事な瞬間にもはや聴衆はいない。

あのパラサングのチャールズ・A・ダイス教授は生き残った。教授はその後もずっと金融について本を書き、学生を教えている。

めでたい結末を迎えたケースをもう一つお話ししておこう。それは、ゴールドマン・サックスである。同社は破綻した例の子会社から社名を取り戻すと、本来の姿に立ち返る。地道に実直に、危ない橋は渡らないようになり、堅実な証券を扱う企業として知られるようになった。

2

ニューヨークの二大銀行、チェース・ナショナル・バンクとナショナル・シティ・バンクは、大暴落後にとりわけ困難な事態に陥った。ニューヨークの銀行は例の組織的買い支えで無駄な

＊New York Herald Tribune (November 3, 1929) から"The Commercial and Financial Chronicle" (November 9, 1929) に引用されたものによった。

＊＊New York: Macmillan, 1930。以下は、53ページと269ページから引用した。

希望を抱かせ、その後に大いなる失望を味あわせた点ではどこも同罪だったから、軒並み面目を失墜している。だが両行の場合はそれだけでは済まず、さらに手ひどい不運に見舞われたのである。それは、筋金入りの相場師が経営トップとして君臨していたことだった。

二行のうち、チェースの方がまだましだったと言えよう。社長、会長、経営委員会の長を歴任するアルバート・H・ウィギンは、なるほど相場師であり策士でもあったが、そこまで目立つ人物ではなかったからだ。とは言え一九二九年になるまでに、ウィギンが驚くべき企てにあれこれ手を出していたことはまちがいない。二九年には、ウィギンはチェースの会長として二七万五〇〇〇ドルの報酬を受け取る。と同時に、五九社もの企業の役員も務めていた。業種は公益、製造、保険などさまざまで、そのうち数社からは結構な額の報酬をもらっている。たとえば財務委員を務めるアーマー・アンド・カンパニーからは四万ドル。ブルックリン・マンハッタン・トランジット・コーポレーションからは二万ドル。そのほか少なく見積もっても七社から年間二〇〇〇~五〇〇〇ドルを受け取っている。* 何もウィギンが聡明で尊敬すべき人物だからという理由でこれほどの報酬が払われたのではないし、親愛の情を示すためでももちろんない。すでにチェースと取引があるか、でなければ今後融資を受けたいという下心があってのことだった。しかしウィギンの副業でさらに注目に値するのは、非公開企業の方である。個人的に三社を保有しており、ロマンチストの氏は二社に娘の名前を付けていた。このほかに三社がカナダで登記されたが、こちらは節税と秘密保持という、まったくロマンチックでない理由からである。**

これらの非公開企業を使って、ウィギンはあの手この手で市場操作を展開する。たとえば一九二九年春には、シェルマー・コーポレーション（シェルマーは娘の名前である）がハリー・F・シンクレア、アーサー・W・カットンと共に巨額の資金プールを形成し、シンクレア・コンソリデーテッド・オイル株に投資した。当時は好景気で何事も大目に見られていたが、それでも一流銀行家がつきあう相手としては、シンクレアやカットンは相当にいかがわしい人物である。が、ともかくもシェルマーは、さほど自己資金を投じずに八九万一六〇〇・三七ドルの利益を手にした。***

ウィギンが最大級に鮮やかな手腕を発揮したのは、チェース・ナショナル・バンクの株操作である。その資金はチェース自身から出ていた。ここでは、とりわけ上首尾にいった例を紹介

* "Stock Exchange Practices", Report, 1934, p.201-2。
** "Stock Exchange Practices", Hearings, October-November 1934, Pt. 6, p. 2877 ff。
*** "Stock Exchange Practices", Report, 1934, p.192-93。

介しよう。シェルマー・コーポレーションは一九二九年九月二三日から一一月四日にかけて、チェース株四万二五〇六株を空売りした（空売りという魔法に明るくない読者のために、かいつまんで説明しておこう。シェルマーはどこかから四万二五〇六株を借り受け、それを当時のバブル相場で売る。あとで値下がりしたら同数だけ安値で買い、株を貸してくれた人に返す、という目算を立てて売るのである。仮に二〇〇ドルで売って一五〇ドルで買い戻せば、五〇ドルはシェルマーの儲けになる。このように、空売りをするときは将来値下がりすることが前提になっている）。すると株は大幅に下落し、シェルマーの思惑通りになったのである。同じ年の一二月一一日、マーリン・コーポレーション（こちらはもう一人の娘の名前である）が、チェース・ナショナル・バンクの子会社から四万二五〇六株を買い取る。購入代金六五八万八四三〇ドルはチェース・ナショナルとシェルマーが融資しており、買った株はシェルマーの空売りの手当、つまり借りた株を返すのに使われた。この取引で、差引四〇〇万八五三八ドルの利益が上がっている。* この頃には、多くの人が利益などほとんど望めなくなっていたことを忘れてはいけない。潔癖な御仁なら、この利益は銀行のものではないかとおっしゃることだろう。確かに株は銀行のものだし、ウィギンはその銀行の役員だし、資金を貸したのも銀行である。だが儲けはそっくりウィギンが懐に入れた。のちにウィギンは、銀行が幹部社員に自社株投機の資金を融資することについて、愛社精神を高めると弁護している。だがこの論法では自社株買いは弁護できても、自社株の空売りは弁護できまい。空売りをするとなれば、会社の業績ができるだけ悪化し、株がどんどん値下がりすればいいという期待が高まるだけだ。この点を追及されると、さしものウィギンも、幹部による自社株の空売りには疑問の余地があると認めた。

一九二九年の終わり頃、ウィギンは経営委員長の再任を辞退すると表明した。六五歳になろうとしているし、いささか大げさな本人の弁を借りるなら「すでに十分な年月、チェース・ナショナル・バンクの成長、繁栄、社会貢献に心血を注いできたから」だという。** 恐らくそれだけではあるまい。エクィタブル・トラストとの合併によりウィンスロープ・W・オルドリッチが経営陣に加わったことも、大きな理由と考えられる。エクィタブルはロックフェラー一族の配下にあり、オルドリッチは商業銀行の手堅い伝統を重んじる人物だったから、ウィギンを有害無用と見なし始めていたのだ。*** ウィギンの退任に際しては、チェースの執行委員会は「当

* "Stock Exchange Practices", Report, 1934, p.188 ff。

** "Stock Exchange Practices", Hearings, October 1933, Pt. 5, p. 2304。

*** オルドリッチは後に上院の委員会で、ウィギンの同類および恐らくはウィギン本人との意見の相違は周知の事実だったと述べている（前掲書、p.4020）。

行での功績に対するささやかな感謝の印*」として、一〇万ドルの生涯年俸を支払うことを満場一致で可決した。しかしあとになって、この寛大な措置を示唆したのはウィギン本人であることが判明している。退任後数カ月が経った頃に上院の委員会がウィギンの詳細調査に乗り出すのだが、オルドリッチは、次々に明らかにされる前任者の所業に驚くほかなかった。そして、生涯年俸を決めたのはとんでもないまちがいだったと指摘する。ウィギンはのちにこれを辞退した。

3

それでもチェース・ナショナル・バンクの方が、ナショナル・シティ・バンクに比べれば傷は浅かったと言える。ウィギンが無口で学者タイプとも言われるような人物だったのに対し、ナショナル・シティのチャールズ・E・ミッチェルは人当たりのよい外交官タイプで、マスコミ受けする人物である。金融新時代の先頭ランナーとして、その名はとどろき渡っていた。

一九二九年秋、ウォール街ではミッチェル退任の噂が囁かれていた。しかしこれは結局デマで、派手な株投機の仲間である同行取締役のパーシー・A・ロックフェラーは「ばかばかしくて話にならない」と噂を一蹴している。** その後二、三年、ミッチェルは鳴りを潜めていたが、三三年三月二一日夜九時、地方検事補のトーマス・E・デューイに突如逮捕される。所得税の脱税容疑だった。

ミッチェルのやったことの多くは明々白々だった。要するにウィギン同様、自行の株で大々的な投機を行っていたのである。ただしミッチェルの方がいくらか弁解の余地はあったかもしれない。一九二九年は銀行の合併が大流行した年であり、時流に乗り遅れるのが大嫌いなミッチェルは、その年の秋の初めにはコーン・エクスチェンジ銀行との合併にこぎ着けていた。両行の取締役会の承認はすでに得られており、残すは株主総会での承認手続きだけという状態である。コーン・エクスチェンジの株主は、保有株一株につきナショナル・シティ五分の四株または現金三六〇ドルのどちらかを受け取る。どちらにするかは各人が選べるという条件だった。当時ナショナル・シティの株価は五〇〇ドルを上回っていたから、コーン・エクスチェンジの株主が株を選択するのはほぼ確実と思われた。

そこへ大暴落が起きたのである。ナショナル・シティの株価は四二五ドル付近まで落ち込

＊前掲書、p.2302。
＊＊Investment News（November 16, 1929）, p.546。

んだ。四五〇ドルを割り込んだら、五分の四株は三六〇ドルになる。となれば必然的に、コーン・エクスチェンジの株主は今度は現金を選択することになる。そうなると、二億ドルほどの現金が必要だった。到底負担できる額ではない。そこでミッチェルは合併を成立させるために一肌脱ぐことを決め、ナショナル・シティ株の買い支えを始めた。一〇月二八日の週にはJ・P・モルガンから一二〇〇万ドルを借り入れ、さらに買い増している(一二〇〇万ドルというのは、あの当時でさえ、ミッチェルにとってもモルガンにとっても相当な額だった。実際に使われたのは一〇〇〇万ドルで、うち四〇〇万ドルは一週間ほどで返済されている。おそらくモルガン内部でこの融資に不安を抱いた幹部がいたものと推測される)。

しかし、買い支えは失敗した。この時期に誰もが悟ったように、売り一色の市場で買い支えるのは難しいことをミッチェルも知った。ほんの数週間前までの買い一色の市場とはまったく話が違ってくる。ナショナル・シティ株は下げに下げ、ミッチェルの軍資金は底をつき、とうとう降参せざるを得なくなった。もはや体面にこだわっている場合ではない。経営陣からそれとなく促されたナショナル・シティの株主は当の経営陣の退陣を求め、いまや大損害につながることが明らかな合併案も却下する。ミッチェルには、J・P・モルガンからの莫大な借金だけが残された。借金の担保になっているのは、買い支えた株とミッチェル個人の保有株だが、その価値は日に日に下がっていく。年末にはナショナル・シティの株価は二〇〇ドルに近づき、担保価値を割り込みそうになった。

この頃、ミッチェルにはもう一つの不運が持ち上がる。正確に言えば、かつての幸運の一端が災難に転じようとしていた。それは、こうである。ナショナル・シティの経営者としてミッチェルが受け取る報酬は二万五〇〇〇ドルで、さほど多くはない。だがそのほかに銀行は報奨制度を用意しており、これがまた、現代の企業にも負けないほど気前のよいものだった。銀行本体と証券子会社ナショナル・シティ・カンパニーの利益を合計し、まず八%を取りのけたのち、残った利益の二〇%を経営基金に払い込む。これを年二回分配するのだが、三〇分ほどかかる分配の儀式は、きっと愉快なひとときだったにちがいない。まず帽子を用意する。そして最初に、会長であるミッチェルの取り分を決めるために、役員は一人ひとり紙切れに適当と思う額を記入して帽子に入れる。もちろん無記名である。次に、自分以外の役員一人ひとりについて、同様のことを繰り返す。紙切れに書かれた額の平均をとって、各自の取り分が決まるという仕組みだった。

一九二八年と二九年は高業績だったから、経営チームはミッチェルの手腕を高く評価してくれた。おかげで二八年のミッチェルの取り分は一三一万六六三四・一四ドルにも上り、二九年はもっと増えている。なにしろ上半期だけで一一〇万八〇〇〇ドルを下らなかったのだ。* このほかに配当などもあったから、ミッチェルの所得はますます増えた。そしてそれは直ちに膨大な所得税が課されることを意味する。もっとも対策は簡単で、ひどく値下がりしたナショナル・シティ株を売れればよい。そうすれば損失が発生して税負担を減らすことができる。しかしご存知のとおり、株はJ・P・モルガンに担保にとられていた。

にもかかわらず、ミッチェルは株を売ってのける。妻に売ったのである。夫人は一万八三〇〇株を一株二一二ドルで買わされたことになっても、つゆ疑わなかったにちがいない。これで二八七万二三〇五・五〇ドルという立派な損失が発生し、一九二九年の税負担は帳消しになった。モルガンは担保株の所有権移転を知らず終いだったと思われ、その後しばらくしてミッチェルは妻から同じ二一二ドルで株を買い戻している。それまでに株価は一段と下がっていたから、市場で買えば四〇ドル程度で買えたはずである。聴聞会でブルックハート上院議員(アイオワ州選出)からなぜあんなことをしたのかと質問されたミッチェルは、ばか正直にこう答えた。「率直に言って、税金対策のためです」。** これには弁護士も当惑したにちがいない。この率直さが祟り、ミッチェルは数週間後に起訴されることになった。

上院での証言後に、ミッチェルはナショナル・シティ・バンクの会長を辞任。公判は一九三三年の五月から六月にかけてニューヨークで開かれ、かなりの注目を集める。が、紙面のトップは、同時期にワシントンで繰り広げられていた一大政治ショーに譲らざるを得なかった。三月四日にルーズベルトが就任演説を行い、恥知らずの銀行家は社会の高い地位から追われるべきだと述べたのである。そしてその第一号と目されたのは、衆目の一致するところ、ミッチェルだった。

しかしミッチェルは、すべての罪状について、六月二二日に陪審から無罪判決を受ける。公判株の売却は、税法の規定に照らせば善意に基づく合法的行為であるとの判断からだった。公判を取材したニューヨーク・タイムズ紙の記者によれば、ミッチェルも弁護士も無罪判決に驚いていたという。法務長官のカミングスは、それでもなお陪審員制度を支持すると述べた。ミッチェルはやがてブライス・アンド・カンパニーの社長としてウォール街に返り咲く。政府は何とか税金を召し上げようと今度は民事訴訟を起こし、税金と追徴金として一一〇万ドルの判決を勝ち取った。ミッチェルは控訴し最高裁まで争ったが、結局敗訴。一九三八年一二月二七日に政府と最終清算を行っている。なお名誉のために一言付け加えるなら、ミッチェルが利用し

＊"Stock Exchange Practices", Report, 1934, p.206。
＊＊前掲書、p.322。

た税金対策は、当時は頻繁に行われていた。一九三三年と三四年に上院が実施した調査では、社会的地位の高い人々が税逃れのために奥方と特別な金融取引を行う例が少なからず報告されている。*

4

昔からアメリカ社会では、いわゆる悪の象徴探しに熱中するきらいがあった。ある業界や階級では悪事がはびこっているらしいと世間が考えたとき、その悪事の代表格とみなされるのが、悪の象徴である。人々が悪の象徴探しに熱を上げるのは、何もその男ひとりをさらし者にして懲らしめたいからではない。その業界や階級をともども困った立場に追い込んで、溜飲を下げたいからだ。アメリカでは長いこと、敵の仲間の中に悪玉を発見するのは自分を有利にする手っ取り早い方法とされてきた。だが最近ではそのやり方がひどく巧妙になってきて、友人知人や家族などにまで因果がおよぶようになっている。

一九三〇年代のウォール街は、あちこちから敵視されていた。まず、社会主義者と共産主義者が打倒資本主義を唱え、その牙城であるウォール街の崩壊を願っていた。ウォール街は悪の温床だと考える人もいた。その一方で、ウォール街がなくなればいいとまでは思わないし、悪の温床だとしても一向かまわないが、金や権力や名誉ある人々の挫折が小気味よいという人もいる。株で財産を失った人も、ウォール街を敵視した。そして、ニューディール支持者である。共和党のクーリッジ政権とフーバー政権は、ウォール街が象徴する強大な金融業界と深い関係にあった。だが民主党のルーズベルト政権誕生と共に、ウォール街はニューディール支持派から敵視されるようになる。彼らの目から見れば、ウォール街の悪事は共和党の悪事だった。

ウォール街の悪の象徴を突き止めたい、そうしてウォール街全体に悪の烙印を押してやりたいと躍起になっていた人々にとって、ナショナル・シティ・バンクとチェース・ナショナル・バンクの会長が共に重大な悪事を働いたというのは、まさに理想的な展開と思われた。どちらの銀行もきわめて知名度が高く影響力は強い。ここで不始末が起きるほど愉快なことはないはずだった。

ウィギンとミッチェルの転落が喝采で迎えられたことはまちがいない。それでも、世間が期待していたのはそれではないという何か釈然としない感じが残った。以前から株取引を目の

＊前掲書、p.321, 322。

敵にしていた人たちにとって、ウォール街で罰すべきは権力よりも道徳観だった。そして道徳的犯罪の温床は、銀行ではなく株式市場だったのである。株式市場では、自分のカネのみならず国の財産をつぎ込んでギャンブルをしている。「あっという間に金持ちになれる」という甘言で誘い、人はいいが頭はさしてよくない人間を地獄に突き落とす。田舎の銀行の窓口で働き教会にまじめに通うような人間を破滅させるのだ。株式市場の無意味な乱高下のせいで、農産物価格や地価も影響を受ける。手形の書き換えや住宅ローンの借り換えにも支障を来す、等々。理屈で考えれば責任があるのは銀行なのかもしれないが、ごくまじめな大衆の気持ちとしては、いかがわしいのはニューヨーク証券取引所である。そこで、何とかしてあそこで悪の象徴を見つけたいという気運が強まっていた。あそこなら、どんな悪事をやっていてもおかしくない……。

証券取引所でこれぞという悪党を捜し出す試みは、一九三二年四月に始まった。この仕事を担当したのは、上院銀行通貨委員会である（のちに小委員会が担当）。委員会はいつもの言い回しで、「証券取引所の慣行を徹底的に調査せよ」との指示を出す。のちにフェルディナンド・ペコラ率いるこの委員会はありとあらゆる銀行にとって怨嗟の的となるのだが、発足当初はそうした意図はなく、もともとの調査対象は証券市場にほぼ限られていた。

全体として、この調査はあまり成果が上がらなかった。一九三二年四月一一日に公聴会が開かれたとき、最初の証人に呼ばれたのはリチャード・ホイットニーである。* このときホイットニーはニューヨーク証券取引所の理事長になっていた。暴落から間もない二九年一一月三〇日に証取経営委員会は、暴落期に会長代行を務めたホイットニーの手腕と誠実な努力に感謝の意を表することを決めている。感謝状では「危急存亡の事態は、それに立ち向かう有能な人間を生む」との格言が引用された。この感謝の念を形に表すためにも、三〇年にエドワード・H・H・サイモンズが六年の任期を終えて理事長を退任したとき、ホイットニーを後継者に選ぶのは当然の成り行きだった。こうして三二年の春には、ニューヨーク証取を攻撃から守る仕事はホイットニーの両肩にかかっていたのである。

ホイットニーはどう見ても感じのよい証人ではなかった。後任として副理事長を務めた部下の一人は、一九五三年初めに上院軍事委員会でのチャールズ・E・ウィルソンの言動を見たとき、ホイットニーを思い出したと言っている（GMの最高経営責任者だったウィルソンは国防長官に指名され、指名承認のための委員会で質問を受けたとき、「我が国にとって良いことはGMに

＊"Stock Exchange Practices", Hearings, April 1932, Pt. 1, p. 18。

とっても良いことだ。逆もしかりである」と言った)。ホイットニーは、証券取引所の過去の慣行は何もまちがっていないと断言し、過失の可能性さえ否定した。要求された資料を提出はしたが、空売りやつなぎ売りやオプションやプールやシンジケートについて上院議員が質問を連発し仕組みを解明しようとするのに対しては、甚だしく非協力的だった。いくら説明しても上院議員ごときにわかるはずがない、という態度である。でなければ、そこらの頭のいい高校生ならすぐわかるようなことを改めて説明させられるのは苦痛だと言わんばかりの様子を示した。そのうえ愚かにも経済政策について自説を開陳し、スミス・W・ブルックハート上院議員と論争を始めてしまう。ブルックハート上院議員は銀行通貨委員会のメンバーの一人で、証券取引所は悪魔の発明だと本気で信じていた。そういう議員を相手にホイットニーは、現在の不況の責任はウォール街ではなく政府にあると主張する。政府こそ予算の均衡化と景気信頼感の改善に努めることで景気回復に寄与できるはずだ。そのためには軍務で障害を負った場合を除き、退役軍人への年金と各種給付を打ち切ればよろしい。それから、公務員の給与も削減すればよかろう――ホイットニーはそう述べ立てた。それでは自分の給与も削減するのかと質問されると、ノーと答えている。少なすぎるからだそうだ。給与の額を重ねて質問されると、年間でわずか六万ドルだと回答。委員会の他のメンバーから、それは上院議員の報酬の六倍だと指摘されたが、それでも自説を曲げず、上院議員を含む公務員給与の削減を主張し続けた。*

多分にホイットニーの態度のせいだろう、数日にわたる喚問ではほとんど収穫はなかった。犯罪の証拠も首謀者の存在も突き止められなかったのである。大暴落前にシンジケートや資金プールの噂を耳にしたことはある、だがくわしいことは何も知らない、とホイットニーは言い張り、証券取引所ではその手のことをきちんとコントロールできていたという主張を繰り返す。そして市場は一大賭博場であるから閉鎖して南京錠でもかけてしまえというブルックハート上院議員の主張に、頑として抵抗した。とうとうホイットニーは、全部終わらないうちに証言義務を免除された。

ホイットニーを喚問しても無駄だということがわかったため、委員会は次に悪名高い相場師連中に目を付ける。が、こちらも期待はずれに終わった。誰でも知っていること、つまりバーナード・E・スミス（通称売り方のベン）、M・J・ミーハン、アーサー・W・カットン、ハリー・F・シンクレア、パーシー・A・ロックフェラーといった連中は大規模な市場操作に励んでいたことが確かめられただけである。たとえばシンクレアは、シンクレア・コンソリ

* "Stock Exchange Practices", Hearings, February-March 1933, Pt. 6, p. 2235 ff.

デーテッド・オイルを使って大々的な株操作に関わっていた。だがこれは、共産党の大物政治家ウィリアム・Z・フォスターが共産党に関わっていたと言うようなものである。シンクレアのような輩が、大金の絡んだ複雑怪奇な取引に手を染めていない方がおかしい。それにそうした取引は、いまでこそ非難されるものの、ほんの三年前には称賛の的だったのである。これは、四〇年代後半の赤狩り旋風のときに遭遇した問題といくらか似ている。つい数年前までソ連が頼もしい同盟国だったという事実を思い出すたびに、多くの人は居心地の悪さを感じたものだった。

証人席に呼ばれた大物相場師たちがあまり感じのいい人物でなかったことは事実である。前にも書いたように、カットンはときに記憶喪失に陥った。ミーハンは健康を害していたせいか、ワシントンに行くはずのときに海外へ行ってしまった（あとでこの間違いを神妙に謝罪した）。他の連中も、かつてはナポレオンばりの記憶力を誇っていたように見えたのだが、株取引のことをよく覚えている者はほとんどいなかった。だが気にくわないからと言って人を裁判にかけるわけにはいかない。それにいくら相場師の振るまいがあやしげで記憶力がお粗末でも、ニューヨーク証取の評判とは直接関係がなかった。競馬場自体の存在に目をつぶってダフ屋や予想屋やノミ屋の悪事を暴いても意味がない。

過去に株式市場が暴落に見舞われたときは、証券会社が一時は二〇社以上もばたばた倒産したものである。だが一九二九年秋の大暴落では、倒産はほとんどなかった。ニューヨーク証取の会員証券会社で大暴落の週に営業停止を余儀なくされたところは一つもない。パニックのさなかに小さな証券会社が一社倒産しただけである。もちろん苦情を申し立てる顧客もいたが、保証金が不足し積み増しができなくなってからも、多くの顧客は最悪の時期を証券会社に助けられてしのいだ。証券会社の商業倫理は二〇年代後半の平均よりもはるかに高く、規律は厳格と言えるほどだった。三〇年代の手厳しい追及にニューヨーク証取と会員証券会社がよく持ちこたえられたのは、恐らくそのおかげであろうと思われる。もちろん無傷ではいられなかったが、大物銀行家のような名誉失墜は免れた。議会による調査では、悪の象徴と言えるほどまごうかたなき悪党を証券取引所から見つけ出すことは、ついにできなかったのである。ところが三八年三月一〇日、地方検事補のトーマス・E・デューイが動く。ミッチェルを逮捕したものの、ウォール街に神罰を下したという評価までは得られなかった、あの検事補である。そのデューイが召喚を命じたのはリチャード・ホイットニー。罪状は窃盗だった。

5

ホイットニーが逮捕されるや、誰も彼もが罪状探しに血眼になる。この熱中ぶりは、株式市場で悪役がどれほど望まれていたかを雄弁に物語ると言えよう。これに匹敵する騒ぎと言えば、一九五三年秋にアイゼンハワー政権の司法長官ハーバート・ブラウネル・ジュニアが、トルーマン前大統領は反逆罪を隠蔽していたと発表したときぐらいのものである。逮捕の翌日に、ホイットニーはニューヨーク州司法長官のジョン・J・ベネットの手で再逮捕された。ベネットはかねてからホイットニーの身辺調査をしており、地方検事補に過ぎないデューイが越権行為をしたと辛辣に批判している。続く数週間、何かそれらしい口実を設けられる公的機関や裁判所はこぞってホイットニーを召喚し、寄ってたかって罪状を増やそうとした。

リチャード・ホイットニーの不幸の顚末を書きつづるのは、本書の意図するところではない。その多くは、本書が対象とする時期よりもあとに起きている。ここでは市場に影響を与えると思われるような事柄だけに限ってお話しすることにしたい。

ホイットニーのやった不正行為はほんの出来心によるもので、言ってみれば子供じみた犯罪だった。あの男は、規則というのは他人に適用されるもので、自分に適用されるとは思っていなかったのだ——当時の関係者はあとになって、そんなふうに説明している。なるほどホイットニーは不正を働いた。だがそれよりも、彼がきわめて悲惨な運命をたどった現代の実業家の一人だという事実の方に胸を衝かれる。証券の窃盗は、事業の失敗に伴う些細な偶発事故だったと言うべきだろう。

リチャード・ホイットニー・アンド・カンパニーは、一九二〇年代のウォール街ではさして目立たない債券専門の証券会社で、商売の規模は小さかった。ホイットニーはこれでは自分の力を十分発揮できないと感じていたらしく、次第に他の事業にも手を広げていく。その一つは、フロリダで泥炭を掘削し泥炭腐植土を販売する事業だった。ニュージャージーでは、アルコール飲料の製造を始めた。アップルジャックと呼ばれるブランデーの一種である。そして三つが三つとも損を出した。赤字の事業ほど金のかかるものはない。何とか存続させようと、ホイットニーは銀行からも取引所の会員証券会社からも次々に借金をし、J・P・モルガンのパートナーになっていた兄のジョージからも借りた。二〇年代初めからこうして手当たり次第に借りた結果、債務は数百万ドル規模に膨れ上がる。その多くが無担保だった。時が経つにつれて、ホイットニーは追い詰められていく。どれかの支払期日が来ると、返済するために別のところから借りなければならない。期日がまだ先の分についても、利子を払うために借金せざるを得なかった。一九三三年初めの時点ですでにホイットニーの証券会社の経営は破綻していたのだが、その後五年ほども表沙汰にはなっていない。*

やがてホイットニーは、多くの人が身をもって学んだように、下げ相場で買い支えるとどうなるかを思い知らされることになった。一九三三年、ホイットニー自身の運命共同体と化したリチャード・ホイットニー・アンド・カンパニーは、例のアップルジャックの製造会社ディスティルド・リカーズ・コーポレーションの株を一万〜一万五〇〇〇株ほど買い入れる。一株当たり一五ドルだった。翌年春には店頭取引で四五ドルに達し、三五年一月に同社はカーブ証券取引所に上場を果たす。そこでホイットニーは、保有株を負債の担保に差し入れた。

その頃は禁酒法解禁直後で、酒なら何によらず売れた時期だが、それでも不幸にして同社の製品は一向に人気が出なかった。アップルジャックはまったく売れず、ディスティルド・リカーズの株は一一ドルまで下がる。これで担保価値が大幅に目減りしたことは言うまでもない。こうして窮地に陥ったホイットニーは、買い支えで株価を維持しようと試みたのである(本人が後日主張したところによれば、ディスティルド・リカーズの株主に売る機会を与えたかったのだという。** もしそれが本当なら、『二都物語』のあのシドニー・カートン以来の無私の行為と言えよう)。もちろんディスティルド・リカーズ株の持ち主はこぞってホイットニーに売りつけた。破綻したとき、ホイットニーは、つまり彼の会社は、発行済み株式一四万八七五〇株のうち一三万七六七二株を保有していた。株価はこのときまでに三ドルか四ドルまで落ち込んでいる。この頃には大勢の人が自分で自分をだますようになっていたと前に述べたが、ディスティルド・リカーズの株を買い支えようとしたホイットニーも、どこから見ても自分で自分をだましていた。言ってみればポンジーばりの詐欺を自分相手にやっていたようなものである。精力的な買い支えの結果、ホイットニーは旧来の借金に加え、株購入に充てた新たな借金を抱えることになる。しかも買った株は、紙屑同然だった。

だんだんと厄介な事態に追い込まれたホイットニーは、他人の預かり証券を自分の借金の担保に差し入れるようになる。じつはしばらく前からその場しのぎにやっていたのだが、次第にその度合いが激しくなった。一九三八年初め、さしものホイットニーの借入能力もついに限界に達する。前年の秋に、すでに最後の借金として大金を兄から借りていた。それは、ニューヨーク証取の慶弔基金が運用していた証券を銀行から取り戻すために、どうしても必要な金だった。と言うのもホイットニーはその証券を着服し、自分の借金の担保として銀行に差し入

＊これらの詳細は、"Securities and Exchange Commission in the Matter of Richard Whitney, Edwin D. Morgan, Etc." Vol. I, Report on Investigation (Washington, 1938) によった。

＊＊前掲書、Vol. II, p.50。

れてしまっていたからである。万策尽きたホイットニーは、誰彼となく金を貸してくれと泣きついて回る。どうやらまずいことになっているらしいと噂が拡がった。ついに三月八日、理事長のチャールズ・R・ゲイ（ホイットニーは三五年に理事長を退いている）が立会場の壇上からリチャード・ホイットニー・アンド・カンパニーの破産と上場停止を告げる。誰もが噂を耳にしていたにもかかわらず、場内は衝撃で静まりかえった。さらにホイットニーが長年にわたって大規模な横領を行っていたことを知らされると、証券会社はどこも茫然としたものである。

ホイットニーは少なからぬ威厳をもって取引の全容を明らかにし、自己弁護のためのいかなる抗弁も行わず、公の場から永久に姿を消した。

6

破産したのがたとえごく小さな田舎の銀行でも、リチャード・ホイットニーの破産よりは多くの人が財産を失い路頭に迷ったことだろう。ホイットニーの巻き添えを食ったのは、損をしても何とか対処できるような資産家ばかりだった。それに横領した額にしても、少なくはないが、当時の破産者の中ではたいしたことはない。例のスウェーデンのマッチ王アイバー・クロイゲルが一年間に着服した金の生む利息にも満たなかっただろう。だがウォール街を目の敵にする立場からすれば、ホイットニーの失態はまさに願ってもない展開だった。犯罪がこれほど歓迎されることは滅多にあるまい。

まずホイットニーはニューヨーク証券取引所と同一視されており、証取は悪の巣窟とみなされていた。しかもホイットニーはその理事長である。議会に召喚されたときには一歩も譲らずに株式市場を弁護した。さらに共和党の支持者であって筋金入りの保守主義者であるうえ、J・P・モルガンを通じて金融界ともつながりがある。加えて個人としても誠実の重要さを少なからず強調してきた。一九三二年にセントルイスで講演したときも、自身の着服がすでにかなりの規模に達していたにもかかわらず、「健全な市場にとって何よりも必要なのは、取引に責任を持つ誠実な証券会社である」と強い口調で主張している。そして、証取による会員企業の監督が厳格化され不正行為が「まず不可能になる」日が来ることを望むと語った。*

そのうえに、ホイットニーは同僚にまで横柄でいやな奴だと思われていた。破綻寸前の時期には、相場師のバーナード・E・スミスに金を借りに行くところまで追い詰められる。スミスはどうひいき目に見ても中の下程度の教養しかない人物であり、ホイットニーにとってこれ

*"The New York Stock Exchange" より、ホイットニーがセントルイス工業倶楽部およびセントルイス商工会議所にて行った演説 (St. Louis, September 27, 1932)。

以上の屈辱はないと言ってよかった。スミスはのちに証券取引員会（SEC）の調査官に次のように話している。「あの男がやって来て、早いところどうにかしたい、体面を救うと思って二五万ドル貸してくれと言ったんです。ずいぶんと高い体面じゃないかと言ってやりましたよ。すると、もう瀬戸際だ、二五万ドルがないとおしまいだと言うのです。そこで私はこう答えました。あんたは私に挨拶もろくにしないじゃないか。そのくせ二五万ドル貸してくれとはいい度胸だね。はっきり言って私はあんたが嫌いだ。一セントだって貸すものか、ってね」*。もしこのときウォール街の面汚しを投票で選んでいたら、ホイットニーが大差で一位になったにちがいない。

ホイットニーと、スパイ容疑で話題になった国防総省の官僚アルジャー・ヒスには、興味深い共通性が認められる。一九三〇年代には民主党のニューディール支持者が攻勢に立ち、共和党保守主義者の金銭的堕落をさかんに告発した（おもしろいことに保守主義者に対する攻撃では、資本主義や権力の乱用や人民の搾取といったおきまりのテーマではなく、嘘つきだということが問題にされた）。しかし四〇年代、五〇年代になると、今度は一転して共和党側がニューディール一派の赤狩りに血道を上げる。そう考えると、三〇年代のホイットニーと四〇年代のヒスは好一対と言えよう。

ホイットニーもヒスも、その出身階級を敵視する人々にとってこれ以上はないという存在だった。家柄、教育、交友関係、職業上の地位等々、すべてがその階級に典型的なものである。どちらの場合も、罪状を聞いて友人たちは一様に「信じられない」と驚いた。ホイットニーはきわめて目立つ地位にあったから、敵対者の目から見れば、ヒスよりも標的として好ましかったとは言える。ヒスは公務員としてさほど出世していたとは言えない。世界的な政治家という名声は事件後に作り出されたのだし、また二つの長い公判の間に注目度が大いに高まっている。一方ホイットニーは、公判で何一つ目立った言動をせずに運命を受け入れた。

二つの事件からは、教訓を一つ引き出すことができるだろう。ホイットニーが証券窃盗で有罪になったこと、ヒスが機密書類を盗んだことは事実だ。だがだからと言って、その友人知人や同業者まで同じことをしていたとは言えない。それどころか多くの資料から察するに、証券会社のほとんどの社員は誠実な取引を身上にしていたと考えられる。またニューディール支持者にしても、ロシア人と内通するなど想像すらしたことがなく、ソ連大使館のパーティーに招かれてキャビアでも食べてみたいというのがせいぜいのところだろう。いまや自由主義者も

＊前掲の“Securities and Exchange Commission...”, Vol. II, p.822, 823。

保守主義者も、左派も右派も、悪の象徴として誰か一人を血祭りに上げる愚を経験した。こうしたやり方が不当であることは明白である。それだけではない。恐らくもっと重要なのは、こうしたやり方は危険だということである。犯罪はもちろん不品行などもあくまで個人の行為であって、その個人が属す階級や集団の性格を示すものではない。このことを万人が肝に銘じるべきであろう。

7

ホイットニー事件を契機に、証券取引所と政府の関係ははっきり変わった。また証券取引所と一般市民の関係もいくらか変化している。政府は一九三三年証券法、またさらに包括的な一九三四年証券取引所法を制定し、大暴落直前に繰り広げられた愚行の再発を防ごうと試みる。新規発行はすべて情報開示が義務づけられた——残念ながら、開示された情報を潜在投資家に確実に読ませる方法はなかったが。ウィギンばりの内部取引や空売りは禁止された。このほか、保証金規定を定める権限が、連邦準備理事会（ＦＲＢ）に与えられることになった。これで、必要とあらば最低保証金維持率を一〇〇％に引き上げ、信用取引を全面排除することも可能になったのである。プール取引、仮装売買、風説や明らかな虚偽情報の流布など、市場を攪乱し操作する行為はすべて禁じられ、商業銀行と証券子会社は完全に分離された。これらの措置よりもさらに重要なのは、ニューヨーク証取をはじめとする証券取引所はすべて政府規制の対象とするという原則が打ち出され、その適用・執行機関として証券取引委員会（SEC）が設立されたことである。

ウォール街はずいぶんときついお灸を据えられたと言えよう。規制機関というものは、そこに属する人間同様、ある一定のライフサイクルをたどる。青年期には使命感に燃え、激越で情け容赦がない。壮年期になると角が取れてくる。そして発足から一〇年か一五年ほども経つと老年期に入り、ひと握りの例外を除いては、規制するはずの当の業界と馴れ合うようになるか、老朽化して効果を失う、といった具合である。そしてSECはひどく好戦的だった。考えてみれば生まれたての規制機関にとって、ウォール街ほど攻撃し甲斐のある標的はなかったにちがいない。

ホイットニー事件が起きるまでは、ウォール街には大体において反骨精神がみなぎっていた。金融の世界には金融の世界のやり方がある、自分たちの見識に従って万事取り仕切り、自分で自分を律する権利があるのだ、とりわけ証券市場ではそうだ、というのが彼らの主張だった。だがホイットニー・アンド・カンパニーの上場停止が発表される日の前夜、ニューヨーク証取理事長のチャールズ・R・ゲイと経営委員会委員長のホーランド・S・デービスは雁首をそろえてワシントンに出向く（奇しくも、どちらの地位も前任者はホイットニーだった）。そしてSECのウィリアム・O・ダグラスとジョン・W・ヘインズに悪いニュースを伝えた。二人がわざわざワシントンまで赴いたことは、単に形の上で膝を屈したというだけでなく、実質的な全面降伏を意味した。証券取引規制を巡る冷戦はここに終結する。そして再び戦端が開かれることはなかった。

ホイットニーの犯罪によって、規制を巡るニューディール派の勝利は確定した。そしてまた、ウォール街のモラルをいかがわしく感じていた世間の嗅覚が正しかったことも証明された。ウォール街にとって不幸中の幸いだったのは、事件が暴落直後ではなかったことである。一九三八年にはニューディール主義者の大物攻撃はだいぶ矛先が鈍っており、先頭に立っていた指導者の一部は、今度は市場経済のメリットを訴えることに余念がなかった。またその頃には必要な経済改革はすべて提案済みで、まだ立法化されていないものについても議会からすでに要求が出ているというのがニューディール一派の認識だった。証券取引についての大規模な改革はその後は議題に上っていない。以後、ウォール街はしきりにワシントンのご機嫌を取るようになる。そしてワシントンの方は、ひどく冷淡にあしらうようになった。

第9章

原因と結果

Cause and Consequence

大暴落に続いて大恐慌がやって来た。それは、年によってひどくなったり和らいだりしながらも、一〇年続いた。一九三三年のアメリカの国民総生産（GNP）は、二九年の三分の二まで落ち込んでいる。

生産高が数量ベースで二九年の水準に回復したのは三七年になってからで、それもすぐに後退。そして金額ベースでは、四一年まで回復していない。三〇〜四〇年の一〇年間、三七年を除き、年平均失業者数は八〇〇万を上回り続けた。しかも三三年の失業者数は一三〇〇万近くに達している。

これは、労働力人口の四人に一人は働き口がなかったことを意味する。三八年になっても、まだ五人に一人が職にあぶれていた。*

この暗い時期が続く間に、一九二九年は神話化されていく。二九年に戻りたいと多くの人が願った。何かの産業かどこかの地域で景気がよくなれば、それは二九年と比べられた。重要な集まりがあるたびに、知識人は重々しくこう言った。「一九二九年ほどアメリカ人にふさわしい年はほかにない」と。

一般的に言って、大暴落の原因を説明する方が、その後の大恐慌を説明するよりははるかにやさしい。恐慌の原因を究明しようとすると、株の暴落が果たした役割を評価するのが非常に難しい問題となる。経済学はこの問題にまだ答えを出せていないのだが、しかし一言論評するぐらいのことはできる。

2

すでに何度か述べたように、一九二九年秋の大暴落は、それに先立つ投機ブームの中で育まれていた。ブームというものは必ず終わるのであって、わからないのは、いつまで続くか、ということだけである。株は上がるものだという信頼感は、遅かれ早かれいずれは薄らぐ。すると誰かが売りに出て、値上がりそのものが止まる。そうなれば、値上がり期待で買い持ちをするのは意味がなくなる。今度は、株は下がるものになる。手仕舞いをしようと投げ売り、狼狽売りが始まる……。過去の投機ブームはすべてこうして終焉を迎えた。一九二九年もそうだったし、将来のブームもそうにちがいない。

ただ、一九二八年と二九年になぜあのような狂乱ブームが起きたのかはわかっていない。信用供給が増大し大勢が借金をして株の信用取引に走ったというのが従来の説明だが、これは明らかにナンセンスだ。二九年の前にも後にも信用供給が拡大したことはあったが、投機ブームは起きていない。それに二八年と二九年の場合、投機の大半が借金で行われたことは確かにしても、その金利は決して低くない。それ以前以後のいずれと比べても、むしろかなり高いと言える。ごく一般的な感覚で言えば、二〇年代末の金融はタイトだった。

金利や信用供給よりもはるかに重要な役割を果たしたのは、時代の空気である。大規模な投機が展開されるためには、普通の人でも金持ちになれるのだという楽天的で揺るぎない自信が行き渡っていなければならない。金持ちになるには他人の行動も関わってくるので、誰も自分に不利や不正は働かないという信頼感も必要だ。一九二九年には「市民は指導者を信頼して

＊"Economic Indicators: Historical and Descriptive Supplement", Joint Committee on the Economic Report (Washington, 1953)。

いた。経営者をずるがしこい搾取者とみなす風潮もなくなっていた。上に立つ人の声は、ラジオを通して聞くことができる。彼らの信念、大志、理想はまるで友人に話すように国民に語りかけられ、誰もがそれに親しんでいた」とチャールズ・A・ダイス教授は書いている。[*] こうした無邪気な信頼感は、ブームに欠かせない条件である。人が用心深く悲観的で何事も疑ってかかり、カネにこまかいときには、投機熱は広まらない。

もう一つ、貯金が潤沢であることも必要条件である。いくら借金で投機をすると言っても、少しは自分の財布から出さなければならない。貯金がどんどん増えているときは、もっと貯めようとはあまり思わないもので、貯金の一部を大きな儲けの期待できそうなことに賭けてみようという気になる。こうした理由から、好況期がかなり長く続いたあとに投機ブームは起きやすく、不況から回復し始めた時期などには起きにくい。英国の歴史家トマス・マコーレーによれば、王政復古(一六六〇)から名誉革命(一六八八)にかけての時期、イギリスではせっかく貯金しても有効な使い途が見当たらなかったという。そこで「当然の成り行きとして、知恵者も馬鹿者も、正直者もペテン師も、余剰資金を使うための計画に没頭する」事態となった。ウォルター・バジョットをはじめとする多くの研究者は、南海泡沫事件もほぼ同じ理由から起きたとみている。[**] 一七二〇年になるまで英国は戦争景気も手伝って長きにわたる繁栄を謳歌しており、個人貯蓄はかつてない勢いで増加したと考えられる。それにこのときも投資対象は乏しく、あってもリターンは少なかった。そこで人々は何か新しい企てがあれば喜び勇んで貯金を注ぎ込み、うまい話に毛ほどの疑いも抱かなかった。一九二八年と二九年もまさにそうだったと言える。

最後に、投機ブームは、大なり小なり免疫作用を持つことを付け加えておこう。投機ブームはいずれ必ずしぼみ、そうなれば自動的に投機に必要な条件は成り立たなくなる。つまり一度投機ブームが発生すれば、しばらくは起きないと考えてよい。時が過ぎ記憶が薄れるにつれて免疫は弱まり、ブーム再発の条件が整う。大恐慌直後の一九三五年であれば、アメリカ人はどれほど誘惑されても投機の大冒険に乗り出そうとはしなかっただろう。だが五五年にもなれば、可能性は大いにある。

3

前節で述べたように、投機と暴落を説明する方が、その後の恐慌に与えた影響を説明するより

＊"New Levels in the Stock Market", p.257。
＊＊Walter Bagehot "Lombard Street", p.130。先に引用したマコーレーの言葉も、同書 p.128 による。

も容易である。大恐慌の原因は、いまだにはっきりしていない。しかし大恐慌に関する当時の著作を読むと、原因不明だとは言っていないように見受けられる。多くの文献は、何がまちがったのか、それはなぜかを自信ありげに断定している。だが逆にこの事実から、原因は明らかでないことが読み取れる。と言うのも、人間は確信が持てないときほど独断的になりやすいからだ。アメリカは、ロシアが何を意図しているのか知らない。だからこそ、ひどく自信ありげにロシアの行動を予測する。ドイツの再軍備にどんな影響があるのか、アメリカにはわからない。その無能を埋め合わせるために、さもわかっているように影響予測をする。経済においても事情は変わらない。とは言え一九二九年とその後の経過については、正しいかもしれない説明と明らかにまちがっている説明を選り分けるぐらいのことはできる。

一九三〇年代に景気後退は避けられないと覚悟していた人はかなり多い。少なくとも七年間は景気がよかった、だから因果応報という奴で七年は悪いときが来るだろう、というふうに。株式市場についてはおおむねそう言えるので、あるいは意識せずにそれが経済全般に持ち込まれたのかもしれない。確かに株式市場は一九二八年と二九年に現実から乖離し、いずれ現実に戻らねばならないのは必定だった。幻想に浸っていた時間が楽しかった分だけ、夢から覚める過程は苦痛を伴う。同じように新時代の繁栄もいつかは衰え、入れ替わりにそれに見合うような苦難のときが訪れるにちがいないと多くの人が感じていた。

これよりいくらか専門的な考え方として、経済は一定の周期的変動に支配されるというものがある。この説によれば、ある期間を過ぎると景気拡大期は自ずと後退期に移行し、後退期はまた自ずと拡大期に転じるという。この景気循環説に従えば、一九二九年はすでに拡大局面の終わりに達していたということになる。ハーバード経済学会が信奉していたのはこの説だった。これに基づいて、景気後退局面に入っていておかしくないという結論を二九年春に発表したのである。

どちらの説も、まじめに取り上げるには値しない。二〇年代が好景気だったら必然的に三〇年代が不景気になるとは言えない。好況期から停滞期に移行したり、停滞期や不況期が好況期に転じたり、といったことは過去に確かにあった。だが資本主義経済には変動がつきものであり、好不況の波の規則性は言われるほど大きくはない。* 何か不可避的な周期性の結果として一九三〇〜四〇年代の暴落と恐慌が起きたとは考えられない。

また一九二九年当時の米国経済が、過去の景気過熱を受けて急激な引き締めが行われるな

＊「現時点では、景気循環の存在が否定される可能性よりは、過大評価される可能性の方が高い」。Wesley Clair Mitchell "Business Cycles and Unemployment" (New York: McGraw-Hill, 1923), p.6。

ど、不況を誘発するような圧力をかけられていたわけでもない。経済にもときに休息と気分転換が必要だという主張はそれなりに説得力があるためか、長らく支持されてきた。たとえばアイゼンハワー大統領の個人的なブレーンを務めたある経済学者は、五四年の夏の景気後退時に次のように説明した。アメリカはこれまで数年間きわめて精力的に経済活動を続けてきた、だからいまは短い休憩が必要だし、その方が経済にとってもよいのだ、と。しかし二九年の時点では労働力人口はまだまだ若くて元気で、ピーク時の生産性を維持することは十分可能だった。それまでの好況期に生産設備は改善され近代化されており、生産設備の劣化や消耗も見受けられない。生産設備が劣化したのは、新規設備投資が激減し工場が遊休状態に追い込まれてからである。二九年には原料供給も潤沢で、設備稼働率は十分維持できた。また、企業家があのときほど意気盛んだったことはない。人・原料・生産設備・経営者いずれをとっても経済活動を維持し、さらには拡大できるというときに、中休みなど必要あるまい。

なお一部には、二〇年代は生産が国民の需要を上回っていたという指摘もあるが、そうは思わない。確かにあの頃、いろいろなモノの供給が増えたことはまちがいない。だが、自動車、洋服、旅行、娯楽などに対する欲求が満たされていたというデータは見当たらない。食糧需要でさえ満足されていたとは言えないようだ。それどころか、その後のデータをみる限り、可処分所得さえあれば消費はもっと大幅に拡大する余地があったと考えられる。したがって、生産能力を需要水準に見合わせるためには景気後退が必要だったという説は成り立たない。

4

では、どんな理由なら妥当と言えるだろうか。この問いに答えるには、問題を二つに分けて考えるとよい。第一に、なぜ一九二九年に経済活動は下降に転じたのか。第二はもっと重要な点だが、この不運な年に下降に転じた経済活動は、なぜ延々と下降線をたどり続け、まる一〇年にもわたって落ち込んだままだったのか。

すでに述べたように、六月には鉱工業生産指数と工場生産指数がピークを打った。この二つは、入手可能な当時のデータの中で、月次の経済活動全般を最もよく表す指数である。その後どちらの指数も下降線をたどり、年内いっぱい低下し続けた。確かに製造業雇用者数、貨物輸送量、百貨店売上高などの他の指標は下降に転じるのが遅く、経済全体のトレンドがはっきり下向きになったのは一〇月以降である。

それでも、大暴落よりだいぶ前の夏の時点で景気減速が始まっていたことはまちがいない。経済学者はほぼ一致してそう主張しているし、権威ある全米経済研究所もこれを支持している。*

なぜ減速したのかについては、何通りかの説明が可能だ。一つは、その時点では工業生産が一時的に消費需要を上回り、設備投資も過剰になっていたという説明である。好況期特有の高揚感から企業が需要増を多めに見込んで増産し、必要以上の在庫を抱えてしまったということは大いにありうるだろう。その結果、資材調達は手控えられ、やがて生産も縮小されることになる。つまり一九二九年の夏には、おなじみの在庫投資調整による景気後退、すなわちインベントリー・リセッションが始まったという説明である。当時は現在ほど統計データが整備されていないため、この説明に十分な裏付けは得られていない。データの取れる百貨店在庫をみる限りでは、上半期に過剰になった様子はない。ただ百貨店売上高が四月にやや落ち込んでいるので、この時点で調整に入るべきだったとは言えそうだ。

もっと根深い要因が存在し、一九二九年の夏に初めてそれが表面化したという説明も可能だろう。当時の研究者はこの説に傾いている。二〇年代を通じて、労働者一人当たりの生産高と生産性は着実な伸びを示した。製造業における労働者一人当たりの生産高は、約四三％増を記録。** その一方で賃金、給与、物価はおおむね横ばいで、増えた場合でも生産高ほどには伸びていない。コストが下がって価格や賃金が据え置きとなれば、企業の利益は増える。好調な企業業績は富裕層の消費拡大につながり、また株ブームの少なくとも一因となる。そして何よりも、設備投資の拡大を促す。二〇年代には、資本財の生産が年平均六・四％のペースで伸びた。これに対し、食品や衣料品などの大衆消費財を含む非耐久消費財の生産の伸びは、同二・八％に止まっている。*** ちなみに自動車、住宅、家具といった富裕層向け耐久消費財の生産の伸びは、同五・九％だった。言い換えれば企業収益の主な使途は、資本財への投資拡大だったと言うことができる。**** となれば、何らかのきっかけでこの投資が中断したり、そこまでいかなくとも伸びが鈍化したりすれば、直ちに影響が出ることになる。賃金はさほど増えていないのだから、個人消費が伸びて埋め合わせてくれるとは期待できない。したがって投資不足が起きるだけで、より正確に言えば収益拡大に見合う投資が行われないだけで、総需要は落ち込むこと

* Geoffrey H. Moore "Statistical Indications of Cyclical Revivals and Recessions, Occasional Paper 31", National Bureau of Economic Research, Inc. (New York, 1950)。

** H.W. Arndt "The Economic Lessons of the Nineteen-Thirties" (London: Oxford, 1944), p.15。

*** E.M. Hugh-Jones and E.A. Radice "An American Experiment" (London: Oxford, 1936), 40。Arndt の前掲書 p.16 の引用によった。

**** このことは広く認められている。Lionel Robbins "The Great Depression", p.4, Thomas Wilson "Fluctuations in Income" p.154 ff., J.M. Keynes "A Treatise on Money" (New York: Harcourt, Brace, 1930), II, 190 ff. を参照されたい。

になる。そうなれば当然ながら受注高も生産高も減少する。残念ながらここでも裏付けデータがないため、収益拡大と歩調をそろえるためには投資がどの程度のペースで増える必要があるのかはわからない。[*]それでもこの説明は、おおむね事実と一致すると言える。

まだほかの説明も考えられる。投資の伸びが不足したのは高金利が原因だったとするのは、その一つだ。また、たとえば農業など一部の産業で問題が発生し、それが経済全体に波及したという説明もできるかもしれない——その可能性はあまり大きいとは言えないが。ほかにもさまざまな説明が可能だろう。だが一つだけはっきりしていることがある。一九二九年の秋が深まるまでは、景気はさほど落ち込んでいなかったということだ。企業活動の縮小はゆるやかだったし、失業率もさほど上昇しておらず、一一月までは何も懸念すべきことはなかったと言ってよい。一九二四年、二七年、四九年にもこの程度の景気後退はあった。だがこれらの場合とは違い、二九年には景気後退が止めどなく続き、悪化の度合いもすさまじかった。これは二九年だけの特徴であり、なぜそうなったのかをぜひとも理解しておかねばならない。

5

一九二九年の経済は、例の決まり文句をもじって言うなら、まちがいなく「基本的に不健全」

だった。この点が、当時の経済環境を理解するうえで何よりも重要である。経済はさまざまな問題を抱えていたが、恐慌が長引いたこととくに関係が深かったのは、次の五点と考えられる。

(1) 所得分配

一九二九年には、金持ちは途方もなく金持ちだった。十分なデータはないが、あの年には総人口のわずか五%を占めるに過ぎない最高所得層が、個人所得総額の約三分の一を手にしていたことはほぼ確実である。また利息、配当、賃貸料といった富裕層特有のいわゆる不労所得が個

＊この点について、いくらか専門的な説明を付け加えておきたい。こうした事態は、資本財投資の伸びの鈍化だけでなく、個人消費の伸びが不十分な場合にも起こりうる。と言うのも、消費不足も投資不足も経済効果は同じだからである。事実、重要な耐久消費財である住宅への投資は数年にわたって減少し、一九二九年には大幅な落ち込みを記録しており、この点からもこの説明は成り立つ。しかし投資の方が消費よりも変動が大きいと考えられる（近年はかつてほどそうではなくなったが）。一九二九年の場合には、総支出が変わらない場合、ハイペースで拡大した支出すなわち投資の方が、減少も大きかったと考えるのが妥当であろう。私は本書でトーマス・ウィルソンの著作をたびたび引用し、また当時の研究者も同書の恩恵を被っているのであるが、投資が一定の伸びを維持しなければならないという前提をウィルソンは残念ながら十分に検討していない。

人所得に占める割合も大きく、第二次世界大戦後の一時期の約二倍に達していた。[*]

所得分配がこのように甚だしく偏っていると、経済は高所得層による投資や贅沢品の消費への依存度が高くなる。金があるからと言ってそうたくさんのパンを買うわけにはいかない。潤沢な資金を使おうとすれば、贅沢品に投じるか、工場建設など何か大きな企てへの投資に回すことになる。そして投資にせよ贅沢品の消費にせよ、週給二五ドルの労働者がパンや家賃に充てる支出に比べれば一時的な要因の影響を受けやすく、はるかに変動が大きい。したがって高所得層の投資と支出は、一九二九年一〇月の株価暴落にとりわけ敏感に反応したと考えられる。

(2) 企業構造

大暴落から数週間が過ぎた一九二九年一一月の時点で、ハーバード経済学会は恐慌の心配はないと述べ、その理由として「企業はおおむね慎重に手堅く経営されている」ことを挙げた。[**] しかしこれは事実とは言えない。実際には二〇年代の米国企業は規律がゆるんでおり、一山当てようともくろむ詐欺師まがいの連中がかつてないほど大量に流れ込んでいた。詐欺やペテンの長い歴史の中でも、この時期は企業犯罪の全盛期だったと言えよう。

企業構造の最大の欠陥は、持株会社と投資信託という新種の経営形態と密接に結びついている。持株会社方式は、電力・水道などの公益事業を筆頭に、鉄道や娯楽産業など規模の大きい業界を席巻していた。このような経営形態は、すでに述べた投資信託と同じように、逆レバレッジによって壊滅的打撃を被る危険をはらむ。とくに問題なのは、下流側の事業会社から支払われる配当を、上流側の持株会社が発行した社債の利払いに充てるやり方である。何かの事情で配当が止まったら、社債は利払い不能となっていずれ債務不履行は避けられず、ひいては上から下まで全体が破綻してしまう。となれば、工場設備への投資を犠牲にしてでも配当を継続したいという誘惑が強まるのは当然である。だが設備投資の縮小は当時のデフレ圧力を一段と増大させ、デフレによって企業収益は目減りし、結局は持株会社を頂点とするピラミッド構造は崩壊する。こうなったら一層の事業縮小は避けられず、なけなしの収入は債務返済に充てられ、新規投資のための借り入れなどできるはずもない。デフレ・スパイラルを長引かせ深刻化させるのに、これほど適した経営方式はないと言えよう。

＊Selma Goldsmith, George Jaszi, Hyman Kaitz, and Maurice Liebenberg "Size Distribution of Income since the Mid-Thirties", The Review of Economics and Statistics (February 1954), p.16, 18。

＊＊Weekly Letter (November 23, 1929)。

(3) 銀行システム

一九二〇年代後半の銀行というものは、その後のアメリカ人の語り草になっている。ときに笑い話にされることもあるが、義憤か私憤に駆られてぶちまけられることの方がずっと多い。とは言え銀行がやったことの多くは、大恐慌にさえならなければ物笑いや憤激の種にならずに済んでいたはずだ。普通であれば何も問題はなかったはずの融資が、大恐慌のせいで愚行になった。借り手企業が扱う商品の価格が下落したり、その商品の市場全体が崩壊したり、あるいは担保価値が激減したりしたからである。責任感の強い銀行は、借り手が自分ではどうにもならない事態に巻き込まれて破綻したという事情を汲んで、何とか救おうとした。が、結局はそれが激しく非難されることになる。なるほど銀行は、時代の空気、つまり陽気で楽天的でゆるんだ空気に浸っていた。だがそれはあくまで他業界と同じ程度であって、銀行業界だけがとくにひどかったとは言えない。一九二九〜三二年のような大恐慌がもしまた始まったら、現在銀行が得ているすばらしい評判も再び地に墜ちるだろう。

こうした次第で、一九二九年に銀行家が桁外れに無能だったということはない。ただし、銀行システムには欠陥が内在していた。まず、経営基盤が脆弱な銀行が多数存在した。ひとつの銀行が破綻すると、預金者があちこちで不安に駆られて取り付け騒ぎを起こすため、他行の預金も凍結された。それでも破綻が破綻を呼び、ドミノ現象が広がる。好景気のときでさえ、局地的な出来事や小さな銀行の不運が引き金になって、簡単にそうした連鎖反応が起きる危険性があった。たとえば二九年上半期には、国内各地で計三四六行（預金総額一億一五〇〇万ドル）が倒産している。* 好況期でもそうだから、不況になって所得・雇用・物価が軒並み落ち込めば、銀行倒産はたちどころに野火のように拡がる。二九年以降に起きたのは、これだった。前節と同じで、人々の不安を煽るのにこれほど適したシステムはないと言えよう。銀行システムの弱点は、弱者のみならず強者をも打ちのめした。国中の預金者は、貯金が消えてなくなるという圧倒的な事実を前に、貧乏人も金持ちも一様に災厄の訪れを知ったのである。

そして銀行システムが破綻の連鎖を起こすと、当然ながら預金者の消費支出や取引企業の投資は大幅に縮小した。

(4) 対外収支

アメリカが対外収支にいささか問題を抱えているのはよく知られているとおりである。アメリ

＊Federal Reserve Bulletin の一九二九年各月報から集計した。

カは第一次世界大戦中に対外純債権国に転じる。貿易収支はそれ以前から黒字だったので、ヨーロッパからの借金の元利返済はそれでまかなっていた。貿易黒字は、純債権国になってからも一〇年ほど続いている。輸出が輸入を長らく上回ってきたのは、高率の関税を設定していたからだ。関税が輸入を阻んだうえ、歴史的な事情や貿易慣行も、少なくともアメリカにとっては好ましい収支の維持に役立っている。

債務国だったときには、国際収支全体としてみると、資本収支の赤字が貿易収支の黒字から差し引かれる形になる。だが債権国になれば、今度は貿易収支の黒字に資本収支の黒字が足されることになる。もっとも、貿易黒字そのものはたいしたことはなかった。一九二八年には例外的に一〇億ドルの出超となったが、二三年と二六年は三億七五〇〇万ドルに過ぎない*。だが金額はどうあれ、黒字国があれば赤字国があるのが道理で、赤字国は何とか埋め合わせなければならない。入超の上に借金もある国は、対米赤字の対策を講じる必要に迫られた。

二〇年代の大半を通じて、赤字は債務国からアメリカへの現金すなわちゴールドによる支払いと、そしてアメリカから債務国への民間ベースの貸し出しによって埋め合わされた。貸す相手の大半は、州政府や地方政府を含む政府である。地域的にはドイツと中南米が多かった。融資の多くは国債をはじめとする公債を引き受ける形をとったが、この手の公債の引受手数料は高い。金融業界は飛びつき、われもわれもと乗り出し、競合相手を出し抜くために必要とあらば賄賂も辞さず、というありさまになった。たとえば一九二七年末には、ペルー大統領の息子ホアン・レギーアに四五万ドルが支払われている。払ったのはJ&Wセリグマン・アンド・カンパニーとナショナル・シティ・カンパニーで、後者はナショナル・シティ・バンクの証券子会社である。四五万ドルは、ペルー国債五〇〇〇万ドルの起債に関して便宜を計らってもらった謝礼ということだった。[**] ただし後日の証言によれば、ご令息の果たした役割はずいぶんとささやかで、ただ邪魔をしないということであったらしい。チェース・ナショナル・バンクは、キューバのマチャド大統領に気前よく個人的な信用枠を設定。残虐で知られるこの独裁者に対し、一時は二〇万ドルもの貸し付けが保証された。[***] さらにマチャド大統領の女婿がチェースに登用され、チェースはキューバ国債を大量に扱うことになる。中南米諸国とのこうした取引では、債権者の利益に反するような情報はあっさり見逃される傾向があった。たとえばナ

＊U.S. Department of Commerce, Bureau of Foreign and Domestic Commerce "Statistical Abstract of the United States, 1942"。

＊＊"Stock Exchange Practices", Report, 1934, p.220-21。

＊＊＊前掲書、p.215。

ショナル・シティ・カンパニーの中南米担当副社長ビクター・ショパールは、ペルーの信用程度を次のように評価している。

「債務返済状況、悪し。社会的モラル、低し。政治リスク、高し。国家財政、不良。過去三年間の貿易収支、チリ並み。天然資源、チリより多様。今後一〇年の経済展望、急成長の見込み*」

こんな展望に基づき、ナショナル・シティはペルー国債一五〇〇万ドルを起債。数カ月後にさらに五〇〇〇万ドル、さらに一〇カ月後には二五〇〇万ドルを追加したのである。しかしショパール氏の評価にたがわず、ペルーは高い政治リスクを実証してくれた。この件の推進役だったレギーア大統領は武力で追放され、国債はデフォルトとなっている。

こうした取引は、あらゆる点で、シェナンドーやブルー・リッジと同じく金融新時代の特徴を備えている。何かしら弱点を抱えており、新時代幻想が破られれば一気に破綻する点はどれも共通だ。国債がうまくいかないとなると、対外収支の大幅見直しをせざるを得ない。債務国にしてみれば、いつまでもゴールドで払い続けることは不可能である。となれば対米輸出を増やすか、対米輸入を減らすか、でなければ既発債のデフォルトを起こすかしかない。このうち第一の可能性は、ただちにフーバー大統領と米議会によって排除された。関税の大幅引き上げを行って他国からの輸入を制限したからである。その結果、債務国の国債は、戦時国債を含め次々にデフォルトを起こす。同時に、債務国の輸入は、すなわちアメリカの輸出は、急激に落ち込んだ。当時の米国経済の規模からみれば輸出の減少はたいした問題ではなかったが、それでも産業全体が苦境に陥ったし、とくに農家の受けた打撃は大きかった。

(5) 専門家の経済知識

これこれの時代の人は際立って愚かだ、などと言うのは、それがどの時代についてであれ、不適切な発言であろう。そんなことを言えば、現世代の人たちに迷惑をかけかねない。それを承知の上で言うのだが、一九二〇年代後半から三〇年代前半にかけて経済上の助言をしていた学者や顧問といった人たちは、どうもひどくお粗末だったと思えてならない。株式市場の大暴落に続く数カ月、いや数年にわたって、定評ある専門家が与えた助言はどれも一様に、事態を一層悪化させるような政策を勧めるものだった。フーバー大統領は一九二九年一一月に自ら減税を発表し、また例の偉大な無目的会議では、企業に設備投資の継続と賃金の維持を要請した。

＊"Stock Exchange Practices", Hearings, February-March 1933, Pt. 6, p. 2091 ff。

どちらも可処分所得の増大をめざした政策と評価できる。ただし残念ながら、どちらもさしたる効果は上がらなかった。減税効果は高所得層を除けばほとんどなかったし、投資と賃金維持の約束の方は、経営者が都合よく解釈していたからである。約束を守っても不利にならないような状況でだけ守ればよい、というのが業界の了解だった。したがって状況が許さなくなると、さっさと投資は手控えられ賃金は引き下げられてしまった。

それでも、この政策は正しい方向をめざしていたと言える。しかしその後にとられた政策は、事態を悪化させる一方だった。たとえばある経済顧問は、景気回復を促進させる政策を問われると、財政均衡を進言している。共和党も民主党もこれに賛成した。共和党にとっては、財政均衡は至上命令である。一方民主党も一九三二年の党綱領で、政治家にはめずらしく明快に「政府は正確な歳入予想を立てたうえで、連邦予算を毎年均衡させること」を求めている。

財政均衡の達成という政策目標には例外はない。つまり、たとえ購買力をテコ入れするためであれ、国民を困窮から救うためであれ、政府支出を増やすことはできない。もちろん減税も許されない。いや、財政均衡を字義通り解釈するなら、もっと踏み込んだ政策が必要だった。一九三〇年からずっと財政赤字が続いていたことを考えれば、均衡を取り戻すためには増税をするか、政府支出を手控えるか、またはその両方をしなければならない。民主党の三二年の党綱領は、「政府支出の大幅削減を直ちに実施」して歳出を二五％切り詰めるよう要求している。

財政の均衡というのは論考の結果ではなく、よく言われるように信念の問題でもない。これは、一つの基本原則なのである。何世紀も借金をしてこなかったから、政府は無責任で放漫な財政運営を免れてきたのだ。それなのに無責任で放漫な財政当局は、何かとややこしい理屈をつけては、歳入と歳出の一致などにたいして価値はないと言い出す。だが過去の例をみれば、そうした理屈が短期的には好都合だとしても、長期的には必ず不都合なことが起き、悪くすれば災厄につながることがわかるではないか、云々。だがかつての単純な世界での単純な教訓は、複雑化した三〇年代初期には当てはまらなくなっていた。とりわけ大量の失業者が発生している状況では、原則の硬直的な適用にこだわるのは危険である。しかし過去の事例に惑わされた人々は、この問題を新しい視点から考えようとしなかった。

政策の選択肢を狭めたのは、財政均衡論だけではない。アメリカは一九三二年までに膨大な金準備を積み上げていたというのに、金本位制からの離脱を不安視する専門家もいた。さらに、あろうことか、インフレを懸念する学者もいた。アメリカはインフレどころか史上初の激しいデフレに直面していたにもかかわらず、まじめ一方の経済顧問は物価が突如急上昇する危険など、さまざまなリスクを心配したのである。確かにアメリカでは、通貨供給量をいじくって、一時的に物価上昇を伴う好景気を演出する手法がとられたことがある。だがそれはだいぶ前のことであり、三一年や三二年には物価上昇の危険はおろか、その気配すらなかった。しかし当時の経済顧問は、危険の分析も可能性の分析もするつもりはなかったのである。過去の悪夢を語り伝えることだけが彼らの仕事だった。

インフレ懸念があるとなれば、財政均衡化の要求はますます強まる。利下げは制限され、信用供給の拡大(少なくとも過剰)も貸出基準の緩和もままならなくなった。金本位制のルールに違反するドルの切り下げなど、もってのほかということになる。あのような不況期には、金融政策は所詮溺れる者の藁ぐらいにしかならない。だがその藁にすがることさえ、当時の経済知識では認められなかったのである。しかもこの姿勢もまた共和党・民主党に共通していた。あの融通無礙なルーズベルト大統領(在任期間一九三三〜四五)でさえ、支持者を当惑させない配慮から、一九三二年の選挙戦末期に次のように述べている。

「党綱領では、何があっても健全な通貨安定を維持すると謳われております。その意味するところは明白です。七月三〇日に行われた綱領を巡る討議の席で、私は、通貨の安定は国際的な要請であり、一国の国内事情で左右されるべきではないと述べました。ビュートでもシアトルでも、私はこの方針を確認しております*」

翌年二月にはフーバー大統領が次期大統領にあの有名な書簡を送り、持論を強調している。

「通貨の変動や切り下げを行わないこと、必要とあらば増税を行ってでも財政均衡を実現すること、国債の増発を控えて政府の債務をこれ以上増やさないこと。以上の点を直ちに確実に実施すれば、国は安定するでありましょう**」

財政政策（増税および政府支出の増加）もだめ、金融政策（利下げ）もだめとなれば、政府は経済に関して打つ手をすべて封じられたことになる。当時の経済顧問は権威もあったし、一致団結してもいた。そういう人たちに説得された両党首脳は、デフレと恐慌を防ぐ手段をどれも却下するにいたったのである。経済顧問としてはお見事な腕前であり、政策論議に対する教条主義の勝利と言ってよい。だがその影響は深刻だった。

* Lawrence Sullivan "Prelude to Panic" (Washington: Statesman Press, 1936), p.20°
** William Starr Myers and Walter H. Newton "The Hoover Administration : A Documented Narrative" (New York: Scribners, 1936), p.339-40°

6

大暴落が三〇年代の悲劇において果たした役割は、以上のような経済の弱点を踏まえて考えなければならない。ウォール街は長年にわたり株など端役に過ぎないと言い続けてきたが、実際には主役級だったと考えられる。証券価格の暴落は、まず富裕層を直撃した。そして一九二九年の世界ではこの層が重要な役割を果たしていたのであり、個人所得総額ではかなりの割合を、個人貯蓄や投資ではきわめて大きな割合を占めていた。この層の支出や投資に打撃を与えるような要因は、広く経済全体の支出や所得にも影響をおよぼさずにはおかない。まさにその打撃が株式市場の大暴落だった。その結果、株の儲けを気前よく使うことで成り立っていた経済のつっかえ棒がいきなり外されてしまったのである。

大暴落は、企業構造の欠陥も容赦なくあぶり出した。持株会社方式の経営形態で末端に位置する事業会社は、大暴落によって事業縮小を余儀なくされる。こうして持株会社方式が崩壊し、また投資信託も破綻すると、設備投資をしようにも金を借りることもできなくなったし、貸そうという人もいなくなった。金融や証券の世界の出来事に過ぎないと思われていた現象がこうしてあっという間に実体経済に飛び火し、受注高の減少や失業率の上昇という形で表れるようになる。

大暴落の影響で、外国への融資も打ち止めになった。これによって国際収支を均衡させていたのだから、相手国にしてみれば、あとは輸入を減らすしかない。その結果、たちどころにアメリカの小麦・綿花・タバコの輸出が大打撃を受けることになった。おそらく対外融資は国際収支の調整を先送りしていただけで、いずれこういう日が来ることは避けられなかっただろう。それにしても大暴落がまったく突然に、しかもまったく好ましくない時期に、その調整を迫ったことはまちがいない。農家がその元凶は株式市場だと恨むのも、あながち見当外れとは言えまい。

最後に、大暴落が発生したときの時代の空気についても触れておかねばならない。当時の無気力な空気は、何か手を打つことをことごとく妨げた。ことによるとこれがいちばん問題だったかもしれない。一九三〇年から三二年にかけては、現実に食うに困る人がいた。自分がそうなるのを恐れる人もいた。金持ちから貧乏人に転落し名誉も地位も失って茫然とする人もいたし、次は自分だと考えて怯える人もいた。そして誰もが絶望感にさいなまれていた。どうせ何をしても無駄なのだと皆が感じており、政策もそうした無力感に支配されていたために、結局ほんとうに何もすることができなかった。

一九二九年に経済が基本的に健全だったら、株式市場の大暴落があれほど深刻な影響をおよぼさずに済んだ可能性は、確かにある。そうであれば、株でやられた人が失った自信も、手控えた消費も、ほどなく回復したかもしれない。だがあの年の経済は健全ではなかった。健全どころか非常に脆弱で、ウォール街から吹いてきたような暴風雨の影響を受けやすかった。この点を指摘する意見はもっともだと言えよう。だが嵐で温室が吹き飛ばされたら、嵐はたいして重要な原因でなかったとは言えまい。一九二九年一〇月にマンハッタンを襲った嵐についても、同じことが当てはまる。

7

戦史家は、戦記を書き終えれば仕事は終わる。次にインドと戦争をする可能性はあるかとか、メキシコとはどうか、南部連合とはどうか、などとは聞かれない。対インド戦争を防ぐにはどうしたらいいか教えてくれ、などとも言われないだろう。だが経済はもっと重大な問題と受け止められているらしい。そこで経済史家は、あなたがお書きになった災厄はまた起きるのだろうか、それを防ぐにはどうしたらいいのか、と必ず聞かれることになる。

冒頭にも記したとおり、この本の目的は一九二九年の出来事を書き綴ることであって、再発するかどうか、再発するとしたらその時期はいつか、といったことを予想するつもりはない。あの年から学ぶべき教訓は多いが、その一つは、いまとなってはじつに明白である。将来は予測可能だと思い上がった人ほど悲惨な末路をたどった、ということだ。だがあの年についての考察に基づいてすこしばかり将来を展望することは可能だし、それで悲惨な末路をたどることにもなるまい。まず、もう一度起こる可能性がある災厄と、一九二九年以降の経過を考えればもはやその可能性はあるまいと判断できるものとを区別できる。また、どの程度の危険がどんな形でいま残っているかも指摘できるだろう。

一見すると、二〇年代末の災厄のうち、再び投機ブームが起きて必然的にそれが大暴落を招くという事態は、いちばん起きる可能性が低そうにみえる。あの惨めな日々がようやく終わりに近づく頃、多くのアメリカ人は、首を振っては「もう二度とごめんだ」と呟いていたのではなかったか。どんな町や村にも、あのときのことを覚えている人がいるはずだ。もう年はとっているだろうが、まだ痛手を忘れてはいまい。きっとまだ首を振り振り同じ言葉を呟いているだろう。不幸にして一九二九年には、健全な警戒心を持つこうした守護神がいなかった。

それにいままでは政府がさまざまな措置を講じ、規制を敷いている。連邦準備理事会（FRB）の権限は強化され、各地区の連邦準備銀行に対しても連邦準備制度の加盟銀行に対しても強い力を持つようになった。一九二九年三月のミッチェルのように公然と叛旗を翻すことはもはや考えられない。当時あのような行動は傲慢とはみられても利己的とは言われなかったが、いまやったら頭がおかしいと思われるだろう。ニューヨーク連銀の権威と自立性は保たれているが、それでもワシントンで決められた政策に逆らえるほどではない。そのうえＦＲＢには保証金維持率の決定権が与えられており、必要とあらば投機筋に対し、買った株まるまる全額相当の保証金を要求することができる。これで投機意欲を完全に挫くことはできないにしても、株価が下落したときに追い証請求の嵐が巻き起こって投げ売りを助長し、破綻の連鎖が波及する事態は防げるはずだ。さらに、証券取引委員会（ＳＥＣ）が設置された。ＳＥＣは大規模な市場操作を阻止し、投機筋を呼び込むような新機軸や勧誘ににらみを利かすと期待される。

それでもある面からみれば、投機熱が再発する可能性はしぶとく残っていると言える。というのも、アメリカ人はいまだに投機を誘う気運に乗りやすい国民だからである。この点は誰しも認めざるを得ない。なぜ乗りやすいかと言えば、新しい冒険的な企てには無限の見返りを手にする可能性が秘められており、誰もがその分け前に与ることができるという信念をいまなお抱いているからだ。それに、株価が上がれば実際に利益を手にできることはいまも変わりはない。誰かが大儲けをすれば、市場はさらに多くの人を呼び込むことができる。なるほど政府の予防策や規制策は用意されている。意志強固な政府の手に握られているならば、そうした策が効果を発揮することは疑う余地がない。ところがである。せっかくの策を発動しない理由がいくらでもあるのだ。民主主義社会ではつねに選挙が意識されており、大げさに言えば選挙の翌日から次の選挙戦が始まる。そして不況と失業を防ぐことは、いまや政治家にとって最も重要な政策課題になっている。となれば株ブームを断ち切るような政策を立てるときは、政治的に不都合な瞬間に失業を発生させてしまう危険性と天秤にかけて、慎重に検討しなければならない。さらに言えば、ブームというものは発生してからでなければ阻止することはできない。そして発生してしまえば、それを阻止する策がいずれ訪れる終焉を早めるだけのようにみえるのは、一九二九年に臆病なFRBの面々が考えたとおりである。しかも終焉を早めれば、それが突然やって来るという不利益に加えて、誰がやったかを名指しされるという不利益もある。

この先市場で何の理由付けもなく投機の嵐が吹き荒れるということはあるまい。次なるブームでは、おそらく自由主義経済のすばらしい仕組みが改めてさかんに強調されるのではないだろうか。いやしくもこの経済システムの中で株主になろうとするからには現在の株価を受け入れてしかるべきである、いや株価はどのような水準であろうとも妥当なのだ、などという主張がきっとなされることだろう。そしてこの手の論理にまっさきに賛同する人の中には、規制の権限を持つ人が含まれているにちがいない。彼らは断固として規制不要論を唱えるだろう。一部の新聞も同調し、規制論者を攻撃するだろう。そうなると、何らかの規制が望ましいと考える人は、不心得者呼ばわりされかねない。*

8

将来のいずれかの時点で株投機がさかんになり、その後に暴落が起きるとしても、一九二九年と同じような影響を経済に与えることはないと考えられる。暴落の結果、経済は基本的に健全だったことが判明するのか、それとも不健全だったことが判明するのか——それは残念ながら、ことが起きてからでなければわからない。それでも、二九年の大暴落とその直後に浮き彫りにされたような経済の欠陥が、その後にかなり修正されたことはまちがいない。まず所得の分配は、以前ほど偏っていない。二九年のアメリカでは最高所得層五％が個人所得総額の三分の一を手にしていたが、四八年には五分の一以下まで減っている。また二九年には賃金・給与、年金、失業保険給付が世帯の所得に占める比率は約六一％だったが、五〇年にはこれが約七一％に上がった。これらは、一般庶民が手にする所得である。これに対して配当、利息、賃貸料など富裕層特有のいわゆる不労所得は、絶対額こそ増えたが、世帯所得に占める比率は二二％強から一二％強まで下がっている。** その後は分配均衡化のペースが鈍り、いくらか逆行現象もみられるものの、二〇年代に比べればはるかに偏りは是正されている。

同様に、投資信託の大規模展開は、一九二九年以降は影を潜めた。ただし一部は、まことに遺憾ながら、オープン・エンド型投資信託、オフショア・ファンド、エクイティ・ファンディング、さらには不動産投資信託（REIT）に形を変えて存続し、これらの多くは一九七〇年代の暴落で破綻している。その一方で、SECは破産法を援用して巨大な公益事業持株会社の解体に成功した。また、預金保険法も整備されている。預金保険は今日にいたるまで十分評価されていないうらみがあるが、アメリカの銀行システムに導入された革命的制度と言えよう。大恐慌の際には、人々の不安と恐怖が銀行の弱点を増幅させ、悲劇を引き起こした。けれども預金保険のおかげで不安心理は一掃されており、その結果、一行の倒産が連鎖的な倒産を招くという従来のシステムの重大な欠陥は解決している。たった一つの法律でこれほどの成果が上がるのは、滅多にないことである。

国際収支の問題も、一九二〇年代と比べれば大きく様変わりした。現在のアメリカは、外国に売り外国から受け取る以上に外国から買い外国に払っている。

＊一九六九年にその頃の投機熱について警告を発した際、私自身もいくらかこうした非難を受けた。
＊＊これらのデータは、Goldsmith らの前掲書 p.16, 18 によった。

そして経済知識の点でもささやかながら進歩があった。いまでは、たとえ不況が深刻化しても、さらに悪化させるような硬直的な決定が下されることはあるまい。例の無目的会議はまたぞろホワイトハウスで招集されるだろうし、国民を安心させる気休めもさかんに唱えられるだろう。最善の策は「待て、そして希望せよ」だと言い出す輩も多いかもしれない。それでも、メロン財務長官のあの不適切な表現「労働者を捨て、株を捨て、農家を捨て、不動産を捨てる」*に代表される政策が最善であるとは、誰も二度と思うまい。深刻な不況に不退転の決意をもってしかるべく対処できるかどうかは、今後の試練を待たねばならない。しかし、正しい政策を貫徹できないことと、まちがった政策を貫徹することの間には、天と地ほどの差がある。

経済が抱えていた他の欠陥も正されてきた。悪名高い農業政策のおかげで農家の収入はある程度保証されており、したがって農家の支出が激減する心配はなくなった。失業保険も、労働者からみれば不十分ではあろうが、同様の効果を上げている。年金や生活保護といった他の社会保障によって農家や労働者以外の人々の収入も守られ、したがって消費も下支えされている。税制も、一九二九年に比べればはるかに経済の安定に寄与するようになった。怒れる神はこの資本主義に矛盾を内在させたかもしれないが、少なくともいま振り返ってみる限りでは、この神には慈悲心もあったようだ。おかげで社会改革と経済システムの運営とは驚くほどうまく調和している。

9

以上のような改善がみられるとは言っても、経済を再び大暴落の衝撃にさらすのは賢明ではあるまい。補強した箇所が破れてしまうかもしれないし、予想もしなかったところが新たに裂けてしまうかもしれない。株の儲けによる支出がそっくりなくなってしまうだけでも、経済にとって打撃は大きい。それに暴落は、たとえ以前ほど波及効果が大きくないとしても、やはりウォール街の評判にとって好ましいことではない。

最近のウォール街は、はやりの表現を借りるなら「開かれた市場」を意識するようになり、広く社会との関係に気を配るようになった。意識の高まったウォール街は、投機ブームは起こらない限り崩壊しないことを肝に銘じ、投機の再発に厳しい姿勢で臨むだろう。万一投機が再発したら、銀行や証券会社は、保証金維持率を上限まで引き上げることを自らFRBに要

＊Herbert Hoover "Memoirs" p.30から抜粋した。

請するだろう。また証券を担保に借金をしてまで買い増そうとする連中の取り締まりも求めるだろう。同時に一般大衆に向けては、値上がりを期待して株を買うことはリスクを伴うのだ、と繰り返しはっきりと警告するようになるだろう。それでもなお買うと言うなら、それは誰の責任でもない、あなた自身の責任ですよ、と。ウォール街は健全な広報活動を通じ、証券取引所、会員証券会社、銀行、そして金融業界全体の立場や見解を広く一般に知らせるだろう。万一大暴落が起きた場合にも、こうした努力によってウォール街の立場は守られるはずだ。

以上が理論的に考えて期待できることである。だが実際には、そうはなっていない。一九六〇年代後半の高度成長期にも、その直後（ハイリターン狙いのファンドや多国籍企業が爆発的に発展した時期）にもそうはならなかったし、これからもなりそうもない。これは、ウォール街の自己保存本能が弱いからではない。むしろ、ウォール街は、そうした本能をたっぷり持ち合わせていると考えてよかろう。だがかつてもそうだったように現在も、金融上の判断と政治上の配慮は逆方向に働く。長期的にみれば経済を救う措置であっても、現在の安寧と秩序を乱すものであれば、けっして高く評価されはしない。そこで、たとえ将来に禍根を残すとしてもいまは何もしないでおこう、ということになる。こうした姿勢は、共産主義を蝕んだのと同じように資本主義を脅かす。このような考え方に陥るからこそ、事態が悪化していると知りながら、人はあの言葉を口にするのだ――状況は基本的に健全である、と。

著者略歴

ジョン・ケネス・ガルブレイス（John Kenneth Galbraith）一九〇八〜二〇〇六。カナダ出身の経済学者。主流派経済学の狭い理論的方法の枠を脱し、時代感覚に溢れた旺盛な執筆活動で世界的なベストセラーを量産。『アメリカの資本主義』で拮抗力、『ゆたかな社会』で依存効果、『新しい産業国家』でテクノストラクチャーといった新しい概念を生み出した。ハーバード大学教授のかたわら、民主党政権のブレーンを務め、ケネディ政権時代にはインド大使を務めた。著書に『不確実性の時代』、『マネー』『経済学と公共目的』など。

訳者略歴

村井章子（むらい・あきこ）翻訳家。上智大学文学部卒業。訳書にジョン・スチュアート・ミル『ミル自伝』（みすず書房）、フリードマン『資本主義と自由』メーリング『金融工学者フィッシャー・ブラック』レビンソン『コンテナ物語』（以上、日経ＢＰ社）、バウワー『マッキンゼー 経営の本質』（ダイヤモンド社）ほか。

大暴落 1929

二〇〇八年九月二九日　第一版第一刷発行
二〇二三年三月三一日　第一版第一二刷発行

著者　ジョン・ケネス・ガルブレイス
訳者　村井章子
発行者　村上広樹
発行　日経BP社
発売　日経BPマーケティング
〒一〇五-八三〇八
東京都港区虎ノ門四-三-一二
https://www.nikkeibp.co.jp/books/

装丁・造本設計　祖父江慎＋佐藤亜沙美（cozfish）
製作　クニメディア株式会社
印刷・製本　中央精版印刷株式会社

ISBN978-4-8222-4701-0

本書に関するお問い合わせ、ご連絡は左記にて承ります。
https://nkbp.jp/booksQA

『日経BPクラシックス』発刊にあたって

グローバル化、金融危機、新興国の台頭など、今日の世界にはこれまで通用してきた標準的な認識を揺がす出来事が次々と起っている。しかしそもそもそうした認識はなぜ標準として確立したのか、その源流を辿れば、それは古典に行き着く。古典自体は当時の新しい認識の結晶である。著者は新しい時代が生んだ新たな問題を先鋭に捉え、その問題の解決法を模索して古典を誕生させた。解決法が発見できたかどうかは重要ではない。重要なのは彼らの問題の捉え方が卓抜であったために、それに続く伝統が生まれたことである。

世界が変革に直面し、わが国の知的風土が衰亡の危機にある今、古典のもつ発見の精神は、われわれにとりますます大切である。もはや標準とされてきた認識をマニュアルによって学ぶだけでは変革についていけない。ハウツーものは「思考の枠組み（パラダイム）」の転換によってすぐ時代遅れになる。自ら問題を捉え、自ら解決を模索する者。答えを暗記するのではなく、答えを自分の頭で捻り出す者。古典は彼らに貴重なヒントを与えるだろう。新たな問題と格闘した精神の軌跡に触れることこそが、現在、真に求められているのである。

一般教養としての古典ではなく、現実の問題に直面し、その解決を求めるための武器としての古典。それを提供することが本シリーズの目的である。原文に忠実であろうとするあまり、心に迫るものがない無国籍の文体。過去の権威にすがり、何十年にもわたり改められることのなかった翻訳。それをわれわれは一掃しようと考える。著者の精神が直接訴えかけてくる瞬間を読者がページに感じ取られたとしたら、それはわれわれにとり無上の喜びである。